Da obra original de Sant Ajaib Singh Ji

CW01509086

De Kabir:
Anurag Sagar
(Oceano de Amor)

A epopeia da Criação

António Lizar

São Paulo
2015

Tradução ara o Português registrada na Biblioteca Nacional – RJ

Este livro é uma tradução do original The Ocean of Love – The Anurag Sagar o Kabir, de Sant Ajaib Singh Ji – Editado por Sant Bani Ashram - Sanbornton – New Hampshire - 1982.

ISBN: 1518807720
ISBN-13: 978-1518807725

Contato com o autor: lizar.antonio@gmail.com

Dedicado a D. Tereza

ÍNDICE

NOTA DO AUTOR

A busca pelo conhecimento de nossa origem é um dos dilemas que mais consumiram esforços e investimentos na tentativa de obtermos respostas razoáveis. Por mais paradoxal que seja, desvendar o princípio do Universo ou mesmo comprovar cientificamente a existência de um Criador não traria, em última análise, qualquer resultado prático. A fome no mundo não seria eliminada, o índice de criminalidade não diminuiria nem as cotações nas bolsas seriam alteradas.

Se esta busca, na prática, não faz muita diferença em nosso quotidiano, por que então milhares de páginas são escritas anualmente sobre o assunto em todo o mundo, e por que este tema nos fascina tanto?

A resposta pode estar em nosso medo do sofrimento e, principalmente, o medo da morte.

Desde a época em que a humanidade começou a enterrar os seus mortos, traçando com isso a linha divisória que passa a nos considerar como seres humanos, metodologias distintas foram criadas para tentar resolver o problema do conhecimento do Criador e compreender os fenômenos do nascimento e da morte.

A morte, e também o pós-morte são temas fascinantes, independentemente do medo que possa nos causar. Esse medo ocorre por haver em nossa mente o anseio pela eternidade. Mesmo com o desenvolvimento da tecnologia em ritmo exponencial ainda não somos capazes de vencer ou compreender o evento da morte. As modernas técnicas médicas tais como transplante de órgãos, a criogenia ou a medicina molecular, não são ainda suficientes para vencê-la. Podem, no máximo, prolongar a vida por alguns poucos anos ou motivar os mais otimistas a prosseguirem em suas pesquisas, mas sem qualquer promessa de êxito. É evidente que a maioria dessas pesquisas contribui para a saúde e a qualidade de vida, justificando os esforços.

Podemos dizer que a morte está intimamente associada à vida. O mistério da origem da vida e o fenômeno da morte, bem como o próprio Universo, estimula enormes somas de investimentos e esforços na tentativa de lançar alguma luz sobre essas questões. Bilhões de dólares e as melhores mentes são mobilizadas na construção de aceleradores de partículas e telescópios espaciais com o único objetivo de descobrir a origem de tudo.

Apesar de todo esse parque tecnológico a mente humana ainda é a melhor ferramenta de investigação. Sem qualquer instrumento científico Einstein foi capaz de formular a Teoria Geral da Relatividade, assim como Niels Bohr nos legou os fundamentos da mecânica quântica anos após refletir sobre a ambiguidade das palavras, procurando associá-la com a matemática.

Einstein e Bohr encontraram resistência na aceitação de suas ideias, mas tiveram a vantagem de terem vivido em uma época onde houve uma explosão de ideias inovadoras e seus conceitos puderam ser entendidos, apesar da natural resistência inerente a qualquer pensamento não ortodoxo.

Surpreendentemente alguns princípios da teoria da relatividade e da mecânica quântica foram apresentados por Buda 2.500 anos antes de Bohr. Algumas correntes budistas foram mais longe, causando perplexidade até mesmo nos dias atuais. Podemos citar como exemplo a escola budista *Sarvativadin*, cujos integrantes afirmam que o passado, o presente e o futuro coexistem ao mesmo tempo, sendo a percepção da passagem linear do tempo apenas um fenômeno sensorial. Absurdo? Pode ser, mas pesquisadores já começam a se debruçar sobre o assunto, sendo o célebre físico britânico Julian Barbour talvez o seu maior expoente.

Até a antiga e aparentemente superada Teoria do Criacionismo parece não estar morta. Em pleno século XXI encontramos nomes de respeito na comunidade científica, tais como Henry Margenau, Roy Abraham Varghes, Colin Patterson, Douglas Futuyma e H.S. Lipson, que não descartam a possibilidade de uma Inteligência Superior ter intervido na formação dos seres vivos.

Religião e Ciência

Kabir surpreende por ter abordado no século XV questões que ainda estão sem resposta quanto ao fenômeno da Criação. Enquanto a religião procura explicar as ações de Deus e Suas relações com os seres criados, a ciência tem como escopo investigar como o Universo funciona, mas sem a abordagem específica quanto a um eventual Criador.

Kabir foi mais longe, nos deixando uma dramática narrativa onde o tema central não é o processo da Criação e seus protagonistas (apesar de serem a base do seu poema), mas sim as motivações que os levaram a produzir o que chamamos de Universo, bem como o porquê das coisas serem como são. Se considerarmos essas motivações sob o ponto de vista lógico tudo passaria a fazer sentido. A visão de Kabir sobre algumas questões referentes à infelicidade, o sofrimento humano e as armadilhas dos prazeres explicam o que Buda não quis explicar. Buda considerava que o conhecimento dos eventos da Criação e suas motivações não têm a menor importância, devendo o praticante valorizar apenas o direcionamento de seus esforços para sair deste mar de sofrimentos, conforme o célebre diálogo que manteve com Malunkyaputra, relatado no *Majjhima Nikaya*.

A analogia entre Kabir e Buda é intencional, uma vez que ambos convergem na maneira como o Universo é estruturado, sendo que a ciência apenas recentemente passou a investigar alguns temas abordados por ambos, sendo o *big-bang* talvez o tema principal.

Já é possível saber o que ocorreu algumas frações de segundo após o *big-bang*, evento ocorrido a quase quatorze bilhões de anos. O momento "0" (zero), entretanto, ainda é um mistério, pois ocorria um fenômeno que os físicos chamam de "singularidade". Na condição de singularidade o tempo e o espaço não são constituídos da forma como conhecemos, sendo impossível realizar qualquer medição. Até mesmo os modelos matemáticos que dispomos não são aplicáveis neste ambiente, de forma que os estudiosos podem apenas especular vagamente sobre o assunto.

Partindo do princípio que qualquer coisa vem de uma outra coisa que a precede, a opinião de que havia algo antes da Criação é praticamente unânime na comunidade científica, apesar de não sabermos com exatidão o que existia. Buda afirmou que, se cada grão de areia do mundo inteiro correspondesse a miríades de milhões de eras, ainda assim o Universo seria mais antigo. Notável para quem viveu 500 anos antes de Cristo e também se recusou a abordar temas referentes ao que acontecia no ambiente da singularidade. Mas, se Buda não quis abordar o assunto, Kabir o fez, embora de forma alegórica.

Kabir

Praticamente desconhecido no Brasil, Kabir foi um poeta místico nascido na Índia por volta de 1398 d.C, vindo a falecer em aproximadamente 1518 d.C.

Diz a tradição que Kabir pertencia à casta dos tecelões (*julaha*) e, pela pressão do sistema de castas, sua família teria se convertido ao islamismo pouco antes de seu nascimento. Apesar de oriundo de família islâmica, é nítida a influência predominante do hinduísmo em seu trabalho, que apresenta familiaridade com as práticas hinduístas, com grande desenvoltura em seus jargões.

Kabir não poupou críticas a ambas as religiões, mesmo adotando também o islamismo como parte de seu sistema de crenças. Aos hinduístas afirmava que foram mal orientados pelos Vedas. Quanto ao Islã, criticava rituais que considerava sem sentido, como por exemplo a circuncisão, o que lhe custou perseguições por parte de ambas as religiões.

Para Kabir, Deus estaria no interior de todas as pessoas que trilham o caminho da justiça, e considerava todas as criaturas como sendo uma extensão de nós mesmos. O exercício da meditação e a recitação de mantras específicos possibilitariam o conhecimento de Deus, permitindo ao praticante a libertação deste universo onde o sofrimento é uma constante.

Kabir é uma das figuras centrais da religião Sikh, caracterizada pelo sincretismo entre o hinduísmo e o islamismo. Deixou um enorme legado literário, composto por poemas que em princípios eram transmitidos verbalmente, e foram compilados a partir do século XVII.

O *Anurag Sagar*

Um dos mais conhecidos e importantes poemas de Kabir, o *Oceano do Amor* chama a atenção pela sua abordagem inédita da Criação, oferecendo uma versão que explicaria porque o Universo funciona desta forma, e os motivos de sua criação.

Muitos religiosos e filósofos já se debruçaram sobre as razões de o Universo ter sido criado, produzindo proposições das mais variadas. Na cultura ocidental, essencialmente a judaica-cristã, esta indagação tem sido muitas vezes utilizada para justificar seu próprio sistema se crenças.

Nas principais correntes do cristianismo é comum ouvirmos que Deus é o Ser Supremo que criou o Universo como prova do seu amor. Dentre os motivos para a criação do ser humano duas são as principais justificativas: a primeira diz que o ser humano foi criado para adorar a Deus, e a segunda afirma que Deus criou o homem em estado imperfeito para que o homem, por si próprio, pudesse atingir o modelo de perfeição proposto por Deus. No trilhar deste caminho o sofrimento seria algo inevitável, pois seria o principal recurso que conduz ao aperfeiçoamento moral.

O *Anurag Sagar* discorda, e nos induz a refletir sobre ambas as afirmações. Com o uso da lógica podemos encontrar alguns problemas que na solidez destes argumentos.

A primeira proposição (a que Deus criou a humanidade para que a mesma pudesse adorá-Lo) nos faz pensar porque um Deus Perfeito e Absoluto desejaria ser adorado. Se submetida a opinião de um psicólogo moderno, este poderia sugerir que Deus estaria, pelo menos no momento da Criação, passando por uma crise de autoestima, estado mental incompatível com a Sua beatitude eterna.

A segunda proposição (a que Deus criou o homem em estado imperfeito para que o homem, por si próprio, pudesse atingir a perfeição) é bem mais complexa, mas há ainda alguns pontos que precisariam ser submetidos a uma análise mais profunda.

Por que Deus teria escolhido o caminho da imperfeição à perfeição? Não poderia Ele já nos ter criado perfeitos? O caminho da imperfeição à perfeição não poderia ter sido escolhido por Deus por considerar um modelo a ser seguido? Se sim, então não poderia Deus também ter sido imperfeito em Seu princípio para depois ter se tornado perfeito? Se a resposta for sim, então seria necessária uma reavaliação sobre o conceito de Deus. Se a resposta for não, então qual seria a razão por ter escolhido um meio tão incompatível com a Sua condição? De onde Deus haveria tirado este modelo?

A questão do sofrimento também apresenta desafios em sua compreensão. Uma das versões mais correntes afirma que o sofrimento não seria o plano original de Deus, mas um acidente de percurso criado pela má conduta humana, forçando-o a seguir por este caminho. Há uma certa solidez neste argumento, que o converge à premissa de um Deus bom. Porém, mesmo não sendo o plano original de Deus, o sofrimento já se encontraria em estado latente, bastando ser ativado para que se tornasse fato concreto. É como dizer que Deus deixou a massa de um bolo no forno e o homem o acendeu. Na hora de servir, de quem seria a autoria do bolo?

Outro argumento afirma que o sofrimento atua como uma espécie de polidor de nosso caráter. Sua ação, em última análise, contribuiria para o nosso encontro com o próprio Deus ("não há evolução sem sofrimento"). Tal argumento tende a ser bem recebido, desde que não se esteja sofrendo. Se em situação de sofrimento o homem tende a uma destas atitudes: mudar de religião ou verificar se está barganhando corretamente com Deus. Em alguns casos a passagem por situações de sofrimento pode gerar algum ânimo ou esperança, pois muitos acreditam sofrer em troca de alguma glória posterior. Infelizmente tal ânimo geralmente faz o sofredor crer em um futuro que acredita ser promissor, mas não contribui para a reflexão sobre as verdadeiras causas do sofrimento.

Quem vive a experiência de ser pai (ou mãe) ou possui afeto por qualquer pessoa sabe o quanto é difícil vê-la em condição de sofrimento. Um simples resfriado em nosso filho ou mesmo a doença em nossa mascote já nos deixa sensibilizado. Uma doença ou tragédia pessoal na vida de um desafeto ou daquele vizinho que nos aborrece pode despertar nossa compaixão e nos fazer esquecer nossas diferenças. Pesquisas comprovaram que a empatia (a capacidade de nos colocar no lugar do outro) pode ser encontrada até mesmo nos primatas.

Se temos a capacidade de nos colocar no lugar do outro e fomos criados "à imagem e semelhança de Deus", então por que o Universo não foi criado de forma que o sofrimento fosse uma condição inexistente? Apesar das dezenas de profetas, sábios e homens iluminados nos indicarem o caminho da virtude, por que o mundo ainda se encontra na situação em que está? Por que o devoto sincero, bom e cumpridor de seus deveres morais e religiosos, também sofre, muitas vezes de forma injusta ou desproporcional à sua condição? Por que encontramos várias religiões que pregaram por séculos as mais belas mensagens e, mesmo prometendo um mundo melhor verificamos, ao ligar a TV ou saindo pelas ruas, que as coisas estão piores, apesar dos avanços tecnológicos, diplomáticos e comportamentais que podem contribuir para a prática do amor e da fraternidade?

Diversas religiões pregam a prática do bem objetivando a criação de uma Nova Era, onde triunfariam os bons e o mal seria segregado, constituindo um ramo de estudo específico no pensamento religioso chamado *escatologia*. Não é apenas nas religiões judaico-cristãs que encontramos este tipo de estudo, pois o mesmo se faz presente também no hinduísmo. No caso da separação dos bons e dos maus, na melhor das hipóteses Deus promoveria um processo de saneamento, onde os maus seriam alocados em um ambiente condizente com esta condição, enquanto os bons ficariam em um outro ambiente. Mesmo se considerarmos que se um número enorme destes ciclos fossem criados e, ao final de tudo, todas as criaturas regressassem a Deus em uma paz eterna ou redenção cósmica, então qual seria a razão da necessidade de todo este enorme ciclo que compreendeu a Criação até o Final de Tudo, com o sofrimento e a coexistência do bem e do mal interagindo entre si? O que seria feito do mal? Seria "descriado"? Se reduzirmos todo esse trabalho e dispêndio de Energia Divina à ação de um Deus absoluto que cria o bem e permite o florescimento do mal para depois de um longo ciclo tudo voltar a ser como antes da Criação, então toda a história do Cosmo poderia ser definida como o "exercício do inútil".

Se o pensamento judaico-cristão justifica o sofrimento como um mal necessário ou um fenômeno ao qual vale pena ser vivenciado, a filosofia oriental, em particular o pensamento budista, nos remete a um outro ponto de vista.

Buda talvez seja o melhor exemplo para sintetizar este pensamento, nos deixando conceitos inovadores sobre a maneira como o Universo realmente funciona, que em muito coincide com o pensamento de Kabir. Em vez de justificar o sofrimento como um expediente útil na evolução pessoal, Buda o considerava uma praga, passando a investigar as causas e os meios para que pudéssemos nos livrar desta condição. Para Buda o sofrimento a nada conduz a não ser a dor, o desespero e a angústia, sendo este fenômeno o resultado de ações praticadas no passado. Para que o sofrimento fosse compreendido Buda formulou os três princípios básicos que explicam a condição da vida humana: insatisfatoriedade, impermanência e impessoalidade.

A insatisfatoriedade seria um princípio que faz com que qualquer ato ou condição que vivenciemos nos levaria, cedo ou tarde, ao sofrimento. Não importa se ganhamos na loteria ou nos casamos com a garota mais bonita do bairro. Cedo ou tarde tal felicidade nos levará à dor, seja por inabilidade ao lidar com a riqueza, a angústia da possibilidade de perdermos tudo, a opção pela conduta antiética para mantê-la ou qualquer outro fator. Quanto à garota, não há garantia de felicidade permanente nos relacionamentos, pois qualquer interação com o meio externo é produto de algo praticado anteriormente, em um ambiente sempre em contínua transformação. A física quântica afirma que tudo no Universo pode ser resumido em energia e informação. Mesmo após a decomposição do corpo a energia e a informação que produzimos em vida, seja ela positiva ou negativa, fica de alguma maneira gravada em uma espécie de inconsciente coletivo, ou seja, elas não morrem com o corpo. Partindo do princípio que a energia e a informação são princípios dinâmicos, então de alguma maneira haveria um processo de continuidade do agente causador da energia e da informação em algum momento posterior, através de uma nova entidade que não é a mesma que as produziu, mas também não é uma outra entidade. Resumidamente, o budismo afirma que a fonte geradora da energia e da informação produzida retornará para dar continuidade a este processo dinâmico, porém com uma nova roupagem. A isto os orientais chamam de reencarnação, fenômeno que seria gerado pelo *karma*, ou a somatória das ações praticadas por um indivíduo.

O maior problema na continuidade dos renascimentos é o fato de o indivíduo não saber ao certo o que deve fazer, uma vez que a memória anterior fica fora do alcance da mente consciente. Ao mesmo tempo, todos os indivíduos têm suas ações motivadas pelo desejo e pelo apego, sendo que nossas decisões e atos são quase sempre motivados pelo egoísmo, nos fazendo agir de forma quase instintiva, causando sofrimentos físicos ou mentais. Os brasileiros, por exemplo, produzem quase dois quilos de lixo por dia, mas quase ninguém se incomoda para onde vai esse lixo, nem se incomoda se está afetando a saúde dos demais. Geralmente atribuímos a responsabilidade ao governo, aos países altamente industrializados ou ao vizinho da rua de baixo, e ao primeiro anúncio corremos à Internet para comprar o mais novo modelo de telefone celular, que em no máximo cinco anos será lixo eletrônico e será substituído por um outro modelo. Tudo isso para satisfazermos o desejo de possuirmos o aparelho e com ele mostramos que de alguma maneira temos valor, apesar de pesquisas terem comprovado que não usamos mais do que 20% dos recursos que estes dispositivos oferecem.

Os impulsos do desejo e do apego acabam nos prendendo inconscientemente a uma complexa cadeia de fenômenos que nos levam ao sofrimento. Mesmo que tenhamos o bom senso de conhecermos nossas falhas e buscar amenizar nosso *karma*, os estímulos oferecidos pelo mundo são tão intensos ao ponto de, mesmo que consigamos eliminar alguns maus *karmas* acabamos por adquirir outros, como se o Universo fosse pré-programado para que se torne impossível a eliminação de todos eles.

O conceito da insatisfatoriedade e as dificuldades em se neutralizar os *karmas* foram também expostos por Kabir, embora sem a profundidade e a riqueza de detalhes, quase científica, utilizada por Buda. Enquanto Buda se concentrou na explicação das razões do sofrimento e o caminho para que este pudesse ser extirpado, Kabir focou as motivações que levaram o Criador a construir o Universo da forma como se apresenta. Ambos, entretanto, apresentam em seus legados os elementos que nos permite compreender a dinâmica da vida, compreensão esta que pode colaborar no processo de libertação das armadilhas que o Universo nos apresenta. É este o estudo e a reflexão que recomenda a mística judaica quando afirma que o estudo religioso não deve levar a nada, pois é esta aparente falta de objetivo que permite ao estudante os melhores *insights*.

O segundo ponto abordado por Buda diz respeito à impessoalidade, o a ausência de um "eu", e neste ponto o pensamento de Buda é diferente do de Kabir.

Para Buda a alma (ou o "eu") não é uma entidade fixa que passa por encarnações sucessivas, tal como uma pessoa que muda a sua roupa, mas sim um conjunto de elementos que se aglutinam para vivenciar um determinado *karma*. Buda chama estes elementos de *skandhas*, formado pelo *corpo*, *sensações*, *percepções*, *pensamentos* e *consciência*. É a aglutinação destes elementos que, agindo de forma sinérgica, nos faz ter a impressão de que somos uma alma individual. A incapacidade de percebermos que os desejos e apegos não são nos proporcionam a felicidade permanente em um mundo onde nada é estável é o que Buda chamou de *ilusão*. Uma vez que Buda define o *karma* como sendo a própria vida, então é o próprio *karma*, ou seja, a somatória da energia e da informação produzida anteriormente, que de alguma maneira torna a reunir os *skandhas* para a formação de um novo ente. Tal indivíduo renascerá e passará por novos sofrimentos a partir do *karma* anterior, processo que se repete continuamente, conhecido na cultura hindu e budista como *samsara*.

Kabir não menciona a existência dos *skandas*, embora também recomendasse atenção e vigilância quanto aos órgãos dos sentidos. Considerava a existência da alma como sendo uma fagulha de Deus, a "gota que retorna ao oceano". Todos os esforços da alma, segundo Kabir, devem ser realizados objetivando a fusão com o Deus Supremo, chamado no poema de *Sat Purush* (o Homem Primordial). Vale notar a definição da mística judaica, que atribui ao *klipot* a origem do fenômeno da individualidade. Para o judaísmo a existência dos *klipot* (literalmente traduzido como "casca") nos impede a reconexão com Deus, uma vez que estas cascas funcionam como um agente isolante. Quando rompida a casca seu conteúdo é libertado, se unindo com a mesma fonte ao qual é constituído. Uma analogia pode ser feita tomando como exemplo uma bolha de sabão. Se produzimos uma bolha de sabão e a fazemos flutuar no ar, é fácil deduzirmos que o conteúdo da bolha é formado pelo mesmo ar que forma o meio que a circunda. Não há nenhuma diferença entre o interior e o exterior da bolha, apenas uma casca os separa.

Fazendo uma analogia da bolha com o indivíduo, o ponto de vista de muitas religiões apregoa que a nossa missão divina seria fazer tal bolha flutuar cada vez mais alto, ou fazê-la percorrer o caminho que a levaria a beatitude eterna. Buda (e também o pensamento judaico) afirma que não, que a tarefa consiste apenas em adquirirmos os meios para rompermos a bolha. Buda afirmou que se o Universo é Uno, então nada haveria a se juntar a Ele. Tal como a bolha, uma vez desfeita não há a necessidade de qualquer tipo de fusão, pois a sua essência, idêntica ao meio externo, sempre esteve lá, embora separada apenas por uma "casca". Rompendo o *klipot* a fusão é automática.

O rompimento da casca é o que Buda chamava de atingir o estado do *Nirvana*. O Nirvana pressupõe a total ausência de um corpo físico, sensações, percepções, pensamentos e consciência individual, assim como a bolha, formada pela água e produtos químicos que compõem o sabão, quando rompida, deixa de existir. Uma bolha é algo efêmero, sem substância, apenas uma ilusão (mas não uma alucinação), assim como nós, segundo Kabir, somos produtos também de uma grande ilusão. Em princípio tendemos a considerar o Nirvana como a condição do nada absoluto, a inexistência, ou a redução ao nada. Buda refutou essa possibilidade, afirmando que o Nirvana não é o aniquilamento nem a perpetuidade. Não é "ser" nem "não ser". Tal como a bolha, a realidade imutável é o seu conteúdo. Para tranquilizar seus discípulos, disse apenas que "o Nirvana é uma delícia".

Não é difícil percebermos que o Universo pode ser um ambiente hostil e perigoso, onde estamos sujeitos a uma cadeia infindável de sofrimentos, amarguras, desilusões, dores, angústias e desesperos. Tentações e limitações dificultam o processo de salvação e, conforme muitas religiões, tal libertação pode ser conquistada muitas vezes às custas de nosso próprio sangue, suor e lágrimas, necessários para que possamos receber a glória de um Criador benevolente e misericordioso.

Se usarmos o bom senso é fácil notarmos que há problemas conceituais na formulação desta dinâmica, já que muitos de nós não desejaríamos isso sequer para um inimigo.

No *Anurag Sagar* Kabir oferece uma resposta que dá sentido a toda esta dinâmica, explicando as motivações que levaram à criação de um universo permeado pelo sofrimento, bem como o porquê da existência do bem e do mal, dos pecados e virtudes, do *karma* e da reencarnação.

Em resumo, o poema fala sobre um universo que não foi criado por uma Divindade Absoluta ou um Deus essencialmente bom, mas sim por um deus secundário (chamado *demiurgo* no exoterismo ocidental), um deus menor. Tal universo também não seria o definitivo, mas apenas a região inferior que comporia um Universo bem maior.

No diálogo que mantém com Dharam Das, um de seus principais discípulos, Kabir apresenta sua versão da epopeia da criação, onde tudo teve início quando Deus (o Absoluto) emana de Si mesmo Suas dezesseis primeiras criações, dentre elas a Tranquilidade, a Felicidade Infinita, o Perdão, o Amor e a Paciência.

Em uma destas emanações foram criadas as almas individuais (*jivas*), belas e gloriosas por si mesmas. As almas, em seu princípio, alimentavam-se de néctar e viviam na plenitude da felicidade.

Os problemas começam com a quinta emanação de Sat Purush, que dá origem do drama da vida. Formada da parte mais esplendorosa de Deus, uma luz brilhante veio a existir (note a analogia da luz primordial com o fenômeno do *big-bang*), culminando com o aparecimento de Kal Niranjan.

Kal Niranjan é apresentado como um demônio (*Yama*) notavelmente belo e sedutor, que passa a desejar possuir o seu próprio universo, bajulando continuamente Sat Purush para que o seu desejo possa ser realizado.

Após dezenas de eras de devoção absoluta por parte de Kal, Sat Purush (o próprio Deus) se sensibiliza e cria nos planos inferiores um reino chamado Mansorovar, dando-o a Kal para que lá possa construir o seu universo.

Kal, entretanto, não ficou satisfeito. Ganhou seu reino, mas permaneceu descontente por este não ser habitado por qualquer forma de vida. Após mais devoções, Sat Purush é novamente sensibilizado e concorda em ceder a Kal as formas de vida. Deus então cria uma mulher, Adhya, e a envia a Kal para que juntos possam criar as formas de vida que habitarão seu universo.

Após ter seus órgãos genitais formados, Kal tenta convencer a mulher a manter relações sexuais, e assim criar as almas. Kal não parece demonstrar qualquer respeito ou consideração pela mulher, chegando ao ponto de devorá-la. Mas Adhya, posteriormente, foi retirada de seu estômago.

Adhya resiste à proposta sexual, argumentando que ambos eram irmãos e, após ter sido removida de suas entranhas, passou a ser sua filha. Como poderia uma mulher manter relações com seu próprio irmão ou pai?

Kal apresenta seu argumento, que traduz a essência de toda a sua estratégia, dizendo que não se preocupasse com questões morais tas como o pecado e a virtude, pois ele mesmo as havia criado para prender as almas em seu mundo.

A mulher cede, tomada pela ambição, e ambos criam as almas, que passam a povoar o universo dos mundos inferiores.

Sendo as almas compostas pela essência de Sat Purush (o Deus Supremo) Kal decide iludi-las para que permaneçam espontaneamente em seu universo, uma vez que não pode controlar as suas vontades.

Kal faz dos prazeres, desejos, ambições e ilusões as armadilhas para aprisionar as almas no mundo. Cria os deuses, as normas morais, as artes, as ciências, o *karma* e a reencarnação. As almas ficariam vinculadas ao mundo através dos prazeres dos sentidos, impedindo que enxerguem a sua verdadeira origem. Chama a atenção a estratégia de Kal em utilizar falsos sábios e deuses auxiliares como seus servidores, uma vez que enganam as almas, fingindo as conduzir à plenitude e felicidade, quando na verdade as mantém aprisionadas em seu no mundo de sofrimento.

Sat Purush percebe a gravidade da situação e tenta colocar um fim neste universo. Kal é intimado a desfazer sua obra, mas argumenta que o resgate das almas seria impossível, pois estão por demais iludidas, e espontaneamente se recusariam a sair. Conforme Kabir, até mesmo as religiões estariam a serviço de Kal, induzindo seus praticantes a seguirem por um caminho falso. Esta questão foi também abordada pela mística judaica ao afirmar que, se oramos (muitas vezes estimulados pelas religiões) pedindo a Deus dinheiro ou qualquer vantagem pessoal, é o demônio quem intercepta as nossas orações e se faz passar por Deus, retornando depois para cobrar pelo serviço.

Sem sucesso na tentativa, Sat Purush envia um sábio (na obra o próprio Kabir) que fica incumbido de esclarecer as almas e as conduzir de volta a Sat Lok (o Paraíso, o mundo primordial de Sat Purush).

Kal percebe que corre o risco de perder toda a sua criação, já que as almas são o seu alimento, e investe no contra-ataque. Para cada ato de Kabir seriam criadas novas armadilhas, dentre elas até mesmo a criação de falsos

"Kabires", que dariam falsas instruções às almas.

Dá-se então início a um duelo entre Kabir e Kal, que faz uso de todos os meios possíveis para frustrar as tentativas de salvação das almas. O leitor poderá perceber o desespero de Kal, que consegue intuir que cedo ou tarde perderá a batalha, uma vez que a impermanência é um princípio universal. Tudo o que existe, seja bom ou mau, está sujeito à degradação, e o mundo criado por Kal não é exceção.

A história tem notável semelhança com a lenda de Lúcifer, e até mesmo Jesus faz alusão a este tema no Evangelho Apócrifo de Felipe:

O mundo surgiu através de um erro. Porque aquele que o criou queria criá-lo imperecível e imortal.

Ele ficou aquém de alcançar seu desejo. Pois o mundo nunca foi imperecível, nem, aliás, foi ele quem fez o mundo.[1]

No *Anurag sagar* Kabir afirma que a libertação das armadilhas de Kal se dá por meio da recitação da Palavra Sagrada e na fé no Nome Sagrado, que seriam o nome do próprio Sat Purush, bem como no esvaziamento da mente e a prática de ações meritórias na vida quotidiana.

Quanto à Palavra Sagrada, Kabir diz ser impronunciável com o uso da boca. Tal palavra estaria presente no silêncio interior, sendo revelada através da interação entre o discípulo e o mestre, assim como também o Nome Sagrado.

Os detalhes quanto ao caminho proposto por Kabir não é bem explicado no poema, nem seria o objeto de nossa análise, mas tal ausência é compensada pela abordagem do tema da Criação, que de alguma maneira preenche algumas lacunas quanto a questões filosóficas bastante complexas.

---

[1] (James M. Robinson – The Nag Hammadi Library, edição revisada – Harper Collins – San Francisco – 2009 – ISBN 006066935-7 – trecho traduzido para o português por este autor).

Sobre esta tradução

Traduzir *O Oceano de Amor* foi um verdadeiro exercício que demonstra toda a complexidade e a riqueza do hinduísmo, religião ao qual nós, ocidentais, não estamos acostumados.

Se observarmos uma das mais conhecidas traduções, feita pelo notável Sant Ajaib Singh Ji, notamos as dezenas de notas de rodapé que buscam explicar ao leigo os complexos conceitos inerentes ao hinduísmo. Uma vez que o objetivo desta versão em Português é manter o nosso foco na história, sem necessariamente nos aprofundarmos nos conceitos desta riquíssima religião, este autor achou melhor eliminar as notas de rodapé e usar breves explicações entre parênteses a fim de facilitar a fluidez na leitura, uma vez que não temos aqui o objetivo oferecer um tratado religioso.

Assim, por exemplo, o termo hindu *Shabda*, que significa "palavra", pode significar também "som", mas utilizaremos apenas o termo "Palavra" por ser o vocábulo mais corrente. Pelo fato de Kabir ter explicado que tal Palavra é impronunciável, não há prejuízo na compreensão do texto no emprego deste vocábulo, assim como não o haveria se usássemos o termo "som".

Da mesma forma, a palavra *guru* designa "aquele que tem a capacidade de dispersar a escuridão". Com o mesmo objetivo de dar fluidez na leitura traduzimos simplesmente como "mestre", embora possa também significar "professor". Da mesma forma, usamos aqui o vocábulo "alma" em substituição à palavra "*jiva*", que tem o mesmo significado. Outros termos encontrados no decorrer do poema foram traduzidos diretamente para o português, embora no original o mesmo termo se encontre em hindi.

I – Prólogo

INVOCAÇÃO

SATYA SUKRIT, ADI ADLI, AJAR: ACHINT PURUSH, MANINDER, KARUNAMAI, KABIR, SURTI YOG SANTAYAN, DHANI DHARAM DAS, CHUDAMANI NAAM, SUDARSHAN NAAM, KULPATI NAAM, PRAMODH GURU BALA PIR, KEWAL NAAM, AMOL NAAM, SURAT SUNCHI NAAM, HAKK NAAM, PAK NAAM, PRAGAT NAAM, DHIRAJ NAAM, UGRA NAAM, A GRAÇA DE DEUS, A GRAÇA DA LINHAGEM DAS QUARENTA E DUAS ENCARNAÇÕES

MANGLACHARAN: HINO DA GRAÇA DE DEUS

Primeiro de tudo eu saúdo o *Satguru* (Mestre Sagrado), que me mostrou o Deus Inconcebível –

Quem, acendendo a Luz do Conhecimento do Mestre e abrindo o véu, me fez ter o Seu vislumbre (*darshan*).

Com a graça do Mestre eu O tenho alcançado, alcançado Aquele a quem os estudiosos têm trabalhado muito arduamente.

Sua forma não pode ser descrita; Sua alma é o néctar ao qual eu tenho absorvido a mim mesmo.

O Mestre Divino (*Gurudev*) é perfeito

O Mestre é o Oceano de Graça, Ele derrama a graça sobre os míseros.

Raros são aqueles que conhecem Seu segredo: Ele se manifesta naqueles que O reconhecem.

Quem merece isso?

HINO

Apenas o conhecedor, que testar o *Shabda* (a prática dos ensinamentos)

1

E ouvir os ensinamentos com plena atenção

E dentro de quem esses ensinamentos habitar, só ele entenderá isso.

Ele ao qual em seu interior o sol do conhecimento se manifestar e remover a escuridão do apego, apenas ele entenderá isso.

Eu estou dizendo este Anurag Sagar (Oceano do Amor) – apenas os raros santos entenderão.

Sem amor não se pode alcançá-lo

DUETO

Qualquer santo instruído que pensar sobre as minhas palavras e tiver amor em seu coração, alcançará o Nirvana.

OS SINAIS DAQUELE QUE AMA

Dharam Das disse:

Ó Mestre da Verdade (*Satguru*), dobrando as minhas mãos eu te imploro, por favor esclareça esta minha dúvida:

Como posso reconhecer aquele ao qual o amor se manifesta em seu interior?

Com que se parece aquele que ama? Sem amor a alma (*jiva*) não pode ser libertada –

Ó meu Deus, me fale sobre o amor, e dê exemplos para explicá-lo a mim.

Exemplos das qualidades de quem ama

O Santo Mestre disse:

Ó Dharam Das, vou lhe explicar as qualidades daquele que ama; ouça com atenção para que você possa reconhecê-lo.

Exemplo dos cervos

Inebriado pela música, o veado corre e chega ao caçador.

Ele não tem nenhum medo, nem mesmo quando sacrifica sua cabeça.

Ouvindo a música ele sacrifica sua vida – aquele que ama deve fazer o mesmo.

Exemplo da mariposa

Aquele que ama deve ser como uma mariposa quando vai para perto da luz.

O exemplo de Sati (esposa devotada)

Ó Dharam Das, ouça mais exemplos e manifeste a Palavra (*Shabda*) do Mestre da Verdade (*Satguru*).

Tal como a mulher que queima (na cremação) com seu marido morto, e não se move enquanto seu corpo é queimado (junto com o do marido);

Aquele que deixa a sua casa, riqueza e amigos, e, na dor da separação, segue sozinho;

Ela não para mesmo quando as pessoas trazem seu filho diante dela, e tentam detê-la pelo apego –

Quando as pessoas dizem: "Seu filho é fraco e vai morrer, e sem você a sua casa será solitária" –

Quando as pessoas dizem: "Você tem abundância de riqueza, volte para casa" –

Ela está na dor da separação de seu marido e nada a atrai.

As pessoas tentam convencê-la de muitas maneiras, mas a mulher determinada não as escuta.

Ela diz: "Minha condição é tal que eu não tenho nada a ver com riqueza e propriedade.

Neste mundo, se vive por poucos dias, e no final (ou seja, no momento da morte) ninguém nos acompanha –

Assim, queridos amigos, compreendendo isso, eu agarrei a mão de meu marido".

DUETO

Assim, com determinação, ela sobe na pira funerária, e, colocando o marido em seu colo,

Ela se torna Sati, repetindo o nome do Senhor.

Qualidades do verdadeiro amante

Ó Dharam Das, compreenda a realidade, eu estou falando a você sobre o amor.

Aqueles que meditam sobre o Nome (*Naam*) de tal maneira que se esquecem de suas famílias,

Quem não tem apego ao filho e esposa, e quem compreende esta vida como um sonho, são os verdadeiros amantes.

Irmão, neste mundo a vida é muito curta, e o mundo não ajuda no (momento) final.

Neste mundo a mulher foi a mais amada (pelo marido); nem mesmo os pais a amaram tanto.

Mas a mulher por quem se dá a sua vida não ajuda na hora da morte.

Ela chora por si mesma, e imediatamente vai para a casa de seus pais.

Filhos, parentes e riqueza são sonhos, por isso o meu conselho para você é alcançar o Nome Sagrado (*Sat Naam*).

Nada vai conosco no final, nem mesmo o corpo que nós amamos tão bem.

Quem pode nos libertar de Kal?

Irmão, eu não vejo ninguém que possa libertar-nos no tempo do fim,

Exceto Um – Quem eu descreverei – amando a Quem o seu propósito será servido.

O Mestre Sagrado (*Satguru*) é o único que pode nos libertar; creia nisto como verdade.

O que o Mestre Sagrado (*Satguru*) faz?

Derrotando Kal, Ele leva a alma até o Plano Imóvel, onde Sat Purush (o Deus Supremo) está.

Chegando lá encontra-se a felicidade infinita, e liberta-se do retorno a este mundo.

Quem pode alcançar a Plano Imóvel?

HINO

Aquele que subirá pelo Caminho da Verdade acreditando em minhas palavras,

Como o guerreiro que marcha à frente na batalha e não se preocupa com o que está atrás –

E então tornar-se como o guerreiro e a Esposa Devotada (*Sati*), e levar o conhecimento do Caminho que veio do Santo.

Refugiar-se no Santo Mestre (*Satguru*) e, desenvolvendo o *Mritak* (ou seja, a morte ou a libertação ainda em vida), livrar-se da Dor de Kal (ou seja, a dor causada pelas forças do Mal).

Raros são aqueles que merecem isso –

DUETO

Kabir disse isso, depois refletiu: Somente o bravo que faz isso pode alcançar o Amado.

QUEM É UM *MRITAK*?

Dharam Das disse:

Ó meu Deus, diga-me as qualidades do *mritak*, de modo que o fogo que queima em minha mente possa ser extinto.

Ó nuvem de néctar, explique-me – como podemos morrer (para as coisas do mundo) ainda nesta vida?

Exemplos do *Mritak*

Kabir disse:

Dharam Das, isso é uma coisa complicada.

Apenas alguns podem aprender isso de um Mestre perfeito.

Exemplo de *bhringi* (inseto mitológico que restitui a vida a um outro, dotando-o de suas qualidades)

Aqueles que servem os Santos como um *Mritak*, em última análise – agarrando-se à Prática dos Ensinamentos (*Shabda*) – atingem o Caminho para Deus.

Assim como o inseto que, entrando em contato com o *bhringi*, desenvolve o seu corpo.

Bhringi ataca o inseto com o seu som, e aquele que capta aquele som É levado pelo *bhringi* para a sua casa, onde ele o transforma em seu próprio formato.

O inseto que captar o som do *bhringi*, ele próprio se torna um *bhringi*.

Raros são os insetos que capturam o som de um *bhringi* na primeira tentativa.

Alguns capturam o som numa segunda tentativa, alguns em uma terceira, e, sacrificando seu corpo e mente, transmutam-se na forma do *bhringi*.

O inseto que não captar o som do *bhringi* permanece como um inseto comum para sempre.

Ó Dharam Das, o discípulo deve receber o conhecimento do Mestre como o inseto recebe o som do *bhringi*.

Como se alcança a qualidade do *bhringi*?

Aquele que está determinado a aceitar os ensinamentos, eu o faço igual à minha própria forma:

A alma que não tem dualidade me percebe.

Aquele que acredita nas palavras dos Mestres, apenas ele se torna um *bhringi*.

Quando o corvo se funde na Palavra (*Shabda*) e abandona todos os seus desejos, ele se torna um Cisne (*Hansa*).

O que é um Hansa?

DUETO

Aquele que deixa o caminho do corvo e debruça-se sobre a verdadeira Palavra, comendo pérolas –

Quem dá sua vida a Sat Purush (o Deus Supremo) seguindo o caminho indicado pelos Mestres – este é um Cisne.

Mais exemplos de um *Mritak* (aquele que se liberta ainda em vida)

Ouçam, Ó Santos, a natureza do *Mritak*; raros são aqueles que praticam o Caminho de Deus.

Ouça mais atributos do *Mritak*: um *Mritak* serve o Mestre Sagrado.

O *Mritak* manifesta o amor em seu interior e, recebendo tal amor, a alma obtém a libertação.

O exemplo da terra

A terra não fere ninguém – você é como ela.

Alguns depositam sândalo sobre ela, alguns lançam sujeira nela – e ainda assim ela não odeia ninguém.

O *Mritak* também não odeia ninguém – Ele é muito feliz, mesmo quando encontra oposição.

O exemplo da cana-de-açúcar

Ouça mais atributos do *Mritak*, e trilhe o caminho mostrado pelo Mestre somente após testar e compreender isto:

Quando o fazendeiro faz o açúcar a partir do açúcar mascavo, ele corta a cana-de-açúcar em pedaços;

Em seguida, ela é esmagada na prensa e o suco é aquecido no caldeirão.

Após ferver o suco o açúcar mascavo é feito e, fervendo o açúcar mascavo, o açúcar cru é obtido.

Aquecendo o açúcar bruto, o açúcar refinado é obtido.

Quando o açúcar novamente é queimado, pedras de doces são obtidas.

Kabir diz: A partir das pedras de doces, os doces açucarados – que são queridos por todos – são feitos.

Da mesma maneira, se o discípulo suporta todos os seus sofrimentos, com a graça do Mestre, ele pode facilmente atravessar o Oceano da Vida.

Quem pode desenvolver as qualidades do *Mritak*?

HINO

Dharam Das, desenvolver as qualidades de um *Mritak* é difícil; apenas a alma corajosa pode fazê-lo.

O covarde não pode suportar ouvir isso. Ele foge e sente que o seu corpo e mente estão queimando.

Apenas aqueles discípulos que são cuidados pelo Mestre podem embarcar no barco do Conhecimento do Mestre.

E isto é verdade: aquele que recebe esse conhecimento, definitivamente vai à sua morada eterna.

Apenas o *Mritak* é um Sábio (*Sadhu*)

DUETO

Somente aquele que se torna um *Mritak* é um Sábio, e só ele percebe o Mestre Sagrado (*Satguru*).

Ele remove todas as ilusões, e até mesmo os deuses dependem dele.

Quem é um Sábio?

Ó Dharam Das, o caminho do Sábio é muito difícil. Aquele que vive como um *Mritak* é um Sábio perfeito.

Aquele que tem controlado os cinco órgãos dos sentidos e bebe o néctar da Palavra dia e noite é um Sábio.

Controlando o órgão da visão

Primeiro de tudo controle os olhos e medite sobre a Palavra recebida do Mestre.

Ver a Bela Forma de Deus é a única adoração para esses olhos; ele não deve desejar qualquer outra coisa.

Aquele que entende o "belo" e o "feio" como a mesma coisa, e não olha para o corpo, goza de felicidade para sempre.

Controlando o órgão da audição

Seu ouvido deve ser apreciador de ouvir boas palavras, e não deve gostar de ouvir palavrões;

Mas aquele que suporta ambos – boas e más palavras – este gosta da permanência do Conhecimento do Mestre em seu coração.

Controlando o órgão do olfato

O nariz é direcionado para os cheiros agradáveis, mas os santos inteligentes o mantém sob seu controle.

Controlando o órgão do paladar

A língua quer os sabores agradáveis: sabores azedos, doces e deliciosos.

Mas o *Mritak* não conhece nenhuma diferença entre as coisas saborosas e as coisas insossas.

Ele não fica animado mesmo que sejam trazidos os cinco néctares.

Ele não recusa comida sem sal, e amorosamente aceita tudo o que lhe é servido.

Controlando o órgão genital masculino

Este órgão é mau e muito pecaminoso. A luxúria é subjugada apenas por alguns poucos.

Uma mulher lasciva é a mina de Kal (o Maligno). Abandone a sua companhia e torne-se Conhecedor do Mestre.

Controlando a luxúria

Sempre que uma onda de luxúria vier, devemos nos tornar alertas.

Ele deve depositar sua atenção na Palavra e, mantendo-se calmo, deve beber o néctar do Nome (de Deus).

Quando ele se funde ao Sem Elemento, a luxúria será extinta.

O deus da luxúria é um ladrão

HINO

A luxúria é uma força negativa poderosa, perigosa e que inflige dor,

Que fez com que os deuses, eremitas, semideuses, seres celestiais, chegassem ao sexo.

Todos eles foram saqueados – somente uns poucos que permaneceram determinados nas qualidades de seus conhecimentos foram salvos.

Aqueles que têm a luz do Conhecimento do Mestre Sagrado e estão com Ele, estes têm o segredo do Caminho.

As formas de escapar da luxúria, o ladrão

DUETO

Ilumine o seu Eu interior com a lâmpada do Conhecimento.

Medite sobre a Palavra do Mestre Sagrado, e o ladrão da escuridão irá embora.

O exemplo do pássaro anul (uma ave mitológica)

Com a graça do Mestre a alma é chamada de "Sábia", e, tornando-se o pássaro anul, retorna à sua morada eterna.

Dharam Das, entenda estas palavras: Eu estou dizendo a você sobre o pássaro anul,

Que vive no céu e é suportado pelo ar dia e noite.

Ela (a fêmea do pássaro anul) realiza o ato sexual através dos olhos, e desta forma fica grávida.

Ela põe seus ovos no céu, onde não há suporte:

O ovo é alimentado enquanto cai (do céu); no céu ele é chocado, e o jovem pássaro nasce;

É no caminho (ou seja, durante a queda) que ele (o filhote) abre os olhos, e é no caminho que ele recebe suas asas.

Quando finalmente chega à Terra, ele percebe que esta não é a sua casa –

Percebendo isso, ele voa de volta para onde seus pais moram.

O pássaro anul (ou seja, a mãe anul) não desce para levar o bebê de volta – ele mesmo (o filhote) volta para casa, trilhando o caminho.

Muitas aves vivem neste mundo, mas poucas delas são pássaros anul.

Aves como estas são raras, e são raras as almas que se fundem na Palavra.

Se a alma pode praticar esse caminho, ela pode voltar para Sat Lok, triunfando sobre Kal (o Maligno).

Quando um Sábio se torna como o pássaro anul?

HINO

Quando ele vai apenas ao refúgio do Mestre Sagrado (*Satguru*) e mantém apenas um desejo – da Palavra;

Quando ele se mantém no serviço ao Mestre Sagrado dia e noite, e não possui nenhum desejo de riqueza e propriedades;

Quando ele esquece filho, esposa, e todos os prazeres, e mantém-se unido aos pés do Santo Mestre.

[Então, ele se torna como o pássaro *anul*].

O que o Mestre dá a um tal Sábio?

Com a graça do Mestre Sagrado ele recebe alívio da dor insuportável e atinge Sat Lok (o Paraíso).

Como uma pessoa chega ao Plano Imóvel?

DUETO

Ao permanecer na Memória do Mestre, em pensamentos, palavras, e ações, e obedecendo as ordens do mestre –

O Mestre dá a aquele que faz isso o dom da libertação, e o funde à Palavra.

A grandeza da fusão à Palavra (*Naam*)

Enquanto a alma não se fundir à Palavra, ela vagueia neste mundo.

Quando ela contempla o Sem Forma e se funde com a Palavra, todas as suas dúvidas vão embora.

Se ela se funde com a Palavra mesmo por um momento, sua grandeza não pode ser descrita.

Todos falam sobre a Palavra, mas poucos alcançam a Palavra sem Forma.

Mesmo que se viva (em) Kashi (Benares) por eras, sem a Palavra Essencial ele irá para o inferno.

Nimkhar, Badri Dham, Gaya ou Prayag – mesmo que ele se banhe nestes lugares sagrados,

E vá para todos os sessenta e oito lugares de peregrinação, ainda assim sem a Palavra Essencial a ilusão não poderá ir embora.

O que posso dizer a mais sobre essa Palavra, ao qual a repetindo, o medo de Yama (o Demônio) vai embora?

O que uma pessoa obtém ao receber a Palavra?

Aquele que recebe a Palavra sagrada do Santo Mestre vai para Sat Lok (o Paraíso), escalando pela corda da Palavra.

Dharam Rai (o mesmo que Kal, o Maligno) inclina a cabeça (em reverência) para aquele cuja alma se funde com o que não possui elementos.

Qual é a Palavra Essencial?

A Palavra Essencial é uma forma imaterial. A Palavra Essencial é bela, sem palavras.

O corpo possui elementos e natureza: a Palavra Essencial é sem elementos e sem corpo.

Em todas as quatro direções se fala sobre a Palavra – somente a Palavra Essencial pode libertar as almas.

O Nome do Próprio Sat Purush é a Palavra Essencial e o *Simran* (prática de memorização dos nomes de Deus) de Sat Purush é o reconhecimento da Palavra Essencial.

Aquele que se funde com Ele, sem fazer a Memorização pela língua (ou seja, oralmente) – este até Kal tem medo dele.

O caminho da Palavra Essencial é sutil, fácil e perfeito; mas apenas o bravo pode segui-lo.

Não é nem uma palavra, nem uma memorização (*simram*), nem uma repetição de mantras (*japa*). É uma coisa perfeita, conseguir aquilo com o qual se pode conquistar Kal (o Maligno).

O suporte da alma está na cabeça, e agora eu vou lhe dizer sobre o reconhecimento da Palavra.

Aquele que fica conectado com a Repetição Irrepetível consegue ver

11

as infinitas pétalas de lótus.

Quando ele atinge a porta astral, ele [em última instância] vai para Agam e Agochar [por meio do] Verdadeiro Caminho.

Seu próprio interior – onde Adi Purush (a Pessoa Original, o mesmo que Sat Purush) reside – se ilumina.

Reconhecendo-O, a alma vai para Ele, e Ele leva a alma para a sua origem.

A alma é da mesma essência de Sat Purush e é também chamada *Jiva-Sohang* (Alma Eu-sou-Você).

Dharam Das, você é um santo sábio. Reconheça a Palavra que concede a libertação.

O método de meditação na Palavra Essencial (*Raam*) - A maneira de praticar o Caminho do Mestre

HINO

Repita o Irrepetível, e com a graça do Mestre perfeito, teste a Palavra.

Mantendo as asas da mente em repouso, veja a Palavra; e, elevando a mente, elimine o seu Karma.

Chegue ao lugar onde o Som é produzido sem a língua e as contas do rosário são movidas sem as mãos:

Fundindo-se com a Palavra Essencial, vá para o mundo da imortalidade.

DUETO

A glória do Inconcebível é ilimitada – milhões de sóis e luas não podem competir com um de seus fios de cabelo.

O brilho de uma alma é igual à luz de dezesseis sóis.

O júbilo de Dharam Das:

Ó Deus, eu me sacrifico aos seus pés. Removendo a minha dor, Você me fez feliz.

Ouvindo Suas palavras eu sou tão feliz quanto um homem cego que recuperou a visão.

Kabir disse:

Dharam Das, você é uma alma pura, que, se encontrando comigo, removeu sua dor.

Assim como amaste a mim, deixando a sua riqueza, casa e filhos,

Da mesma forma, os discípulos que fizerem isso, e com determinação unirem suas mentes aos Pés do Mestre,

E manifestarem o amor dentro de si mesmos para com os Pés do Mestre, sacrificando seus corpos, mentes e riquezas pelo Mestre Sagrado –

Estes serão os mais queridos para mim, e ninguém poderá detê-los.

Os discípulos que não sacrificarem tudo, e mantiverem a mentira em seus corações ao mostrarem amor em seus rostos,

Como eles podem ir para Sat Lok (o Paraíso)? Sem a manifestação do Mestre dentro deles, eles não podrão me alcançar.

A confissão de gratidão de Dharam Das:

Tudo isso Você tem feito, meu Deus; Eu era muito impuro.

Derramando a graça sobre mim Tu mesmo vieste até mim e, segurando a minha mão, me salvaste de Kal (o Maligno).

II – A História da Criação

1 – O Início

QUESTÕES SOBRE A CRIAÇÃO

Dharam Das disse:

Agora, meu senhor, diga-me onde é o Plano da Imortalidade.

Descreva todos estes planos para mim – e faça de mim, que tem sede, beber o Néctar (do conhecimento).

Onde vive a alma, e onde é a morada do Sat Purush, o Criador?

Do que as almas se alimentam por lá, e de onde vem este Som?

Como Sat Purush, o Criador, criou os planos de existência, e por que Ele desejou criá-los?

Conte-me sobre a criação dos três mundos. Descreva tudo isto, e nada esconda de mim.

Como Kal Niranjan, o perverso, nasceu, e como eram os dezesseis filhos nascidos?

Como os quatro tipos de criaturas foram espalhados, e como foram as almas jogadas nas mãos de Kal, o perverso?

Como nasceram Kurma e Shesh Nag, e como foram encarnados Matsya e Varah?

Como nasceram os três deuses, e como a abóbada celeste foi criada?

Como este corpo foi criado? Ó Senhor, conte-me a história da criação,

Só assim todas as minhas dúvidas poderão ir para longe, e a minha mente ficará feliz.

HINO

Ó Verdadeiro Mestre, bondosamente diga a este seu servo a História da Criação.

Lance a luz sobre mim com o néctar de Suas palavras para que o medo de Yama (Kal), o Senhor da Morte, possa ser destruído.

Considere-me seu escravo. Diga-me todas as coisas e descreva-as.

Ó Verdadeiro Mestre, estou convencido de que o que o Senhor me dirá a verdade!

DUETO

Suas palavras são verdadeiras e muito valiosas para mim.

Sua bondade é indescritível. É pela minha boa sorte o Senhor me ter dado a virtude.

Kabir disse:

Dharam Das, eu encontrei em você a pessoa apropriada e, portanto, vou lhe dizer os segredos.

Ouça as palavras do início da criação, que é o sinal da dissolução.

COMO FOI NO INÍCIO?

Dharam Das, ouça! Sobre quando não havia a terra, o céu ou as regiões inferiores, quando Kurma, Varah e Shesh Nag ainda não existiam, e Sadaswat Parwant e Ganesha não haviam nascido.

Nem tampouco os trinta outros deuses haviam sido criados – eu lhe direi então o que aconteceu naquele tempo.

DUETO

Quando não haviam (os deuses) Brahma, Vishnu ou Mahesh (também conhecido como Vishnu), e as Escrituras (*Shastras*) e os Livros Sagrados (*Puranas*) e ainda não haviam sido criados,

Todas essas coisas estavam no próprio Sat Purush, o Criador, tal como a sombra que vive na figueira.

HINO

Ó Dharam Das, ouça a história da Criação, ao qual ninguém conhece.

Uma vez que a Criação surgiu após esses eventos, que prova poderia eu lhe dar?

Os quatro Vedas não sabem destas histórias a respeito de Sat Purush, o Criador,

Porque até então os Vedas também não existiam. Como poderia o indescritível ser descrito?

DUETO

Os Vedas nada sabem sobre a criação, nem entendem sobre o que não tem forma.

O mundo segue o caminho dos Vedas mas o Gyani (aquele que tem o conhecimento espiritual), os repreende, e lhes mostra o caminho certo.

A origem da Criação – A Criação de Sat Purush

Quando Sat Purush vivia em forma latente, não haviam sido ainda criados o corpo e a matéria.

Como o óleo fica escondido na flor de lótus, da mesma forma Sat Purush costumava viver, oculto.

Por sua vontade Ele criou as almas e, olhando para elas, sentiu-se muito feliz.

A partir da primeira *Shabda* (Palavra ou Ordem Verbal), criada por Ele, os mundos e o mar foram criados, nos quais Ele habitava.

Ele fez o seu trono com os quatro mundos, e sentou-se no lótus.

Onde Sat Purush se sentou, lá o desejo foi criado.

Pela vontade de Sat Purush oitenta e oito mil ilhas foram criadas.

Em todos os mundos, Seu desejo existe. Seu desejo é muito perfumado.

A manifestação dos dezesseis filhos

A partir da segunda Shabda de Sat Purush, Kurma (manifestação do deus Vishnu, metade homem e metade tartaruga) foi criado,

Com o desejo de permanecer atado aos seus pés.

Quando Sat Purush pronunciou a terceira *Shabda* (Palavra), um filho chamado Gyani (sábio espiritual) nasceu.

Quando ele (Gyani) veio diante de Sat Purush (o Eterno) e o reverenciou, Ele lhe ordenou que fosse para a Sua criação.

Quando a quarta Palavra (*Shabda*) foi feita, o filho chamado Vivek foi criado.

Ele foi condenado a viver na criação de Sat Purush, o Eterno. Com a quinta Palavra Sagrada uma luz brilhante veio à existência:

Quando Sat Purush pronunciou a quinta Palavra Sagrada, Kal Niranjan (o perverso) foi encarnado.

Ele foi criado a partir da parte mais gloriosa do corpo de Sat Purush – e é por esta razão que ele perturba as almas.

As almas são originárias da essência de Sat Purush e ninguém sabe de seu início e seu fim.

Quando, pela sua boca, Sat Purush proferiu a sexta Palavra Sagrada,

Sahaj (a Tranquilidade) nasceu.

Com a sétima Palavra Sagrada, Santosh foi criado, e a ele foi dado a permissão para entrar em Sua criação.

Quando Sat Purush pronunciou a oitava Palavra Sagrada, Surat foi estabelecido no mundo maravilhoso.

Com a nona Palavra Sagrada foi criada a Infinita Felicidade, e com a décima Palavra Sagrada foi criado o Perdão.

Com a décima primeira Palavra Sagrada foi criado um filho chamado Nishkam, e a décima segunda Palavra Sagrada deu origem a um filho chamado Jal-Rangi;

A décima terceira Palavra Sagrada deu origem a Achint, e com a décima quarta foi criado o Amor.

Com a décima quinta Palavra Sagrada nasceu Din Dayal, e a décima sexta Palavra Sagrada deu origem à Paciência.

Com a décima sétima Palavra Sagrada, a Yoga e os santos foram criados;

Todos eles nasceram da mesma origem.

A Palavra (*Shabda*) criou todos os filhos, a Palavra Sagrada criou todos os mundos e oceanos.

Em todo o mundo as partes de sua essência – as jivas (almas individuais) – foram estabelecidas, e sua alimentação consistia de néctar.

A beleza das jivas (almas) é interminável, e a felicidade sempre existe lá;

A glória das almas é interminável, e sempre a felicidade existe lá;

A glória das almas é inacessível e indescritível – quem pode descrever sua beleza sem fim?

Todos os filhos meditam sobre Sat Purush, o Eterno, se alimentando de néctar, desfrutando a felicidade.

Desta forma, dezesseis filhos nasceram: Dharam Das, leve isto a sério.

HINO

A beleza sem limites dos mundos criados não pode ser descrita.

É uma criação maravilhosa; sua beleza é tal que se torna impossível descrever em palavras.

Todos os mundos obtêm sua luz a partir da Luz de Sat Lok (o plano espiritual da Verdade).

Mesmo o sol e a lua brilham com a luz de um fio de cabelo de Sat Purush.

DUETO

O Santo Mestre (*Satguru*) é uma morada de felicidade. Mágoa, apego e dor não existem lá.

Sob o vislumbre (*darshan*) de Sat Purush, as almas (*jivas*) se deleitam.

2. A queda de Kal

A DEVOÇÃO DE KAL NIRANJAN E SUA AQUISIÇÃO DE MANSAROVAR E DO VAZIO

Desta forma, muitos dias se passaram depois que isso aconteceu:

Dharam Rai (um outro nome de Kal Niranjan, o Perverso) seguiu por este caminho – Dharam Das, ouça:

Apoiado apenas sobre um dos pés, ele fez a devoção a Sat Purush por setenta *yugas* (grandes eras universais), e O agradou.

Ele fez uma devoção muito difícil – por isso Sat Purush foi satisfeito.

A Palavra de Sat Purush veio até ele, e lhe perguntou: "Por que você me fez esta devoção?"

Inclinando a cabeça Dharam Rai (Kal Niranjan) disse: "Por favor, me dê um lugar onde eu possa viver."

Em seguida, Sat Purush, o Eterno, lhe ordenou, "Ó meu Filho, vá para Mansarovar".

Em seguida, Dharam Rai sentiu muita felicidade em seu coração, e foi para Mansarovar.

Quando ele lá chegou, novamente estava repleto de felicidade.

Mais uma vez ele se lembrou de Sat Purush e fez Sua devoção por mais setenta *yugas*.

Ele fez esta devoção sobre apenas um pé, e o bondoso Sat Purush sentiu pena dele.

Sat Purush fala a Sahaj

Quando Sat Purush disse suas palavras, foi isso que saiu de seus lábios:

"Ó Sahaj, vá ao encontro a Dharam Rai (Kal Niranjan) e pergunte por que ele tem se lembrado de mim por todo este tempo.

Ele fez uma prática (devocional) muito difícil, por isso lhe dei o lugar onde ele vive".

(Então, em um instante, foi dado a ele a posse dos três mundos).

"Eu fiz isto observando a sua devoção. Esse meu filho querido recebeu os três mundos e está feliz. Agora vá e diga a ele; tudo o que ele pedir, que venha e me diga".

Sahaj vai até (Kal) Niranjan.

Baixando a cabeça (em sinal de respeito), Sahaj partiu e foi de encontro a Dharam Rai (Kal Niranjan).

Sahaj lhe disse: "Ouça, meu irmão, Sat Purush aceitou a sua devoção.

Agora, o que você quer? Diga-me – Sat Purush enviou esta mensagem a você".

Niranjan disse a Sahaj:

"Ó, Sahaj, meu irmão – vá e faça este pedido a Sat Purush:

Eu não gosto deste pequeno lugar. Por favor me dê um grande reino.

Em meu coração senti muito amor por Ele! Ele deveria me abençoar com um grande lugar.

Ele deveria me quer dar o mundo dos deuses, ou então um mundo separado".

Depois de ouvir Dharam Rai (Kal Niranjan), Sahaj foi para Sat Purush

E transmitiu o pedido de Dharam Rai a Ele.

HINO

Depois de ouvir as palavras de Sahaj, Sat Purush disse o seguinte:

"Estou satisfeito com Dharam Rai (Kal Niranjan); leve isto ao seu coração:

Eu lhe dei os três mundos; agora vá e diga a ele para criar o plano do vazio.

Ó Sahaj, diga a ele para que faça lá a sua criação.

DUETO

Ó Sahaj, vá depressa para lá e diga isso para Dharam Rai:

"A ele foi dado o plano do vazio onde poderá criar o seu próprio universo".

COMO KAL NIRANJAN OBTEVE O QUE PRECISAVA PARA CRIAR O SEU UNIVERSO

O que Sat Purush disse a Sahaj, ele transmitiu para Kal Niranjan.

Kabir disse:

Ouvindo as palavras de Sahaj, Dharam Rai (Kal Niranjan) ficou satisfeito;

Ele ficou feliz e um pouco surpreso.

Dharam Rai disse: "Escute, querido Sahaj, como faço para criar meu universo?

O Senhor Misericordioso me deu este Reino, mas eu não conheço os meios para desenvolvê-lo.

Nada sei sobre o Inconcebível! – Por Favor, derrame sua graça sobre mim e diga-me o Seu segredo;

Por favor, transmita este meu pedido para Sat Purush. Ó meu irmão, eu me sacrifico por você:

Como faço para criar nove universos, tal como me foi ordenado por Ele?

Ó meu Deus! Dê-me o que eu preciso para criar o universo".

Em seguida, Sahaj foi para Sat Lok (o plano espiritual da Verdade), onde novamente se curvou para Sat Purush.

Sat Purush disse então a Sahaj:

"Ó Sahaj, diga-me por que veio; diga-me em detalhes tudo o que aconteceu".

Kabir disse a Dharam Das:

Então Sahaj disse a Sat Purush o que Dharam Rai (Kal) disse;

Ele transmitiu os pedidos que haviam sido feitos.

Então Sat Purush ordenou: "Ouça minhas palavras, Ó Sahaj.

Tudo o que é necessário para a criação estão dentro de Kurma; tomando-os de dentro dele (de Kurma), Dharam Rai poderá fazer o seu trabalho.

Ele deve ir até Kurma e, baixando a cabeça (em sinal de respeito), deve pedir-lhe o que precisa.

A viagem de Sahaj até Dharam Rai (Kal)

Novamente Sahaj foi até Dharam Rai e lhe transmitiu as ordens de Sat Purush:

"Vá até Kurma e peça-lhe o que você precisa, baixando sua cabeça perante ele.

Quando você se curvar a Kurma, e quando ele derramar sua graça sobre você, então conseguirá o que precisa."

A viagem de Kal Niranjan até Kurma

Kabir disse a Dharam Das:

Dharam Rai aproximou-se de Kurma com a felicidade em seu coração e o orgulho em sua mente.

Ele chegou e ficou diante de Kurma, mas não o cumprimentou nem fez a saudação a ele.

Porém, Kurma é como o néctar, é felicidade-doação. Ele não tinha nenhuma raiva em si mesmo. Ele era frio e desprovido de paixão.

Inchado pelo orgulho, Kal viu que Kurma era muito paciente e forte.

O corpo de Kurma tinha doze partes, e o corpo do poderoso Dharam Rai tinha seis partes.

Dharam Rai caminhou ao redor de Kurma com raiva, pensando em como obteria dele os materiais da criação.

Kal atacou as cabeças de Kurma com suas unhas, e rompeu sua barriga, e o ar saiu.

A partir das três cabeças de Kurma surgiram a dinastia de Brahma, Vishnu e Mahesh (outro nome do deus Shiva).

Cinco elementos saíram, incluindo o céu com a lua, o sol e as estrelas; todos eles saíram dele.

Matsya (a primeira encarnação de Vishnu), Shesh Nag (a serpente primordial), Varah (a terceira encarnação de Vishnu), e os pilares para apoiar a Terra vieram, e desta forma iniciou-se a criação da Terra.

Quando Kal puxou a cabeça de Kurma o suor saiu,

Quando essa gota de suor se espalhou, a Terra começou a flutuar nela.

Assim como o creme vive no leite, da mesma forma a Terra repousava sobre a água;

A Terra é suportada nos dentes de Varah (uma das encarnações do deus Vishnu), e na terra física ventos furiosos sopram.

Reconheça o céu como um ovo no qual está a existência de Terra.

A partir do estômago de Kurma, seu filho Kurma nasceu – ao qual Shesh Nag (a serpente primordial) e Varah foram erguidos.

Reconheça a cabeça de Shesh Nag como a Terra, sob a qual o filho de Kurma reside.

O filho criado de Kurma está no ovo, enquanto o Kurma original vive separadamente em Sat Lok (o plano espiritual da Verdade), onde medita em Sat Purush como fazia antes.

Kurma disse a Sat Purush:

"Nirankar (Kal) veio até mim com toda a força e, manifestando o seu caráter, subiu em meu corpo:

Ele arrancou o meu estômago e não obedeceu às suas ordens".

Então Sat Purush disse para Kurma: "Ele é o seu irmão mais novo.

Esta é a maneira que devem agir os mais velhos: eles não devem prestar a atenção às más qualidades do irmão mais novo, e eles devem amá-los".

Kabir disse a Dharam Das:

Ouvindo as palavras de Sat Purush, Kurma ficou satisfeito. Ele tinha a forma do néctar, e permanecia sempre em felicidade.

Novamente Kal Niranjan se lembrou de Sat Purush e de novo, por muitas *yugas*, fez a devoção.

Mas ele fez a devoção pelo seu desejo pessoal e, depois de fazer a criação, ele se arrependeu:

Dharam Rai (Kal Niranjan) pensou: "Como eu faço para desenvolver esses mundos?

Sem a Semente, o que eu faço com o mundo celestial, com o mundo mortal, e com o mundo inferior?

Como eu manifestarei o meu pensamento? Como eu faço para produzir o corpo?

Então, mais uma vez fazendo a devoção, pedirei para que eu possa colocar a vida nos meus três mundos".

Ele decidiu obter a vida para os mundos, e começou a se lembrar de Sat Purush.

Ele fez a devoção por sessenta e quatro *yugas* – ficando apoiado sobre um dos pés.

Sat Purush envia novamente Sahaj até Kal Niranjan
HINO

Sat Purush, a Morada da Graça, ficou satisfeito com sua devoção.
Ele disse a Sahaj: "O que ele pedirá desta vez?
Sahaj, vá até Kal Niranjan e lhe dê o que ele desejar.
Diga a ele para criar o universo, deixando de lado todas as ilusões".

Quando Sat Purush ordenou, Sahaj foi para Kal, baixando a cabeça em reverência a ele;
Ele chegou até onde Kal estava parado, fazendo sua devoção.
Olhando para Sahaj, Dharam Rai (Kal Niranjan) ficou feliz, e estava convencido de que Sat Purush estava satisfeito com ele.
Sahaj disse: "Ouça, Ó Dharam Rai! Por que agora você está fazendo esta devoção?"
Inclinando a cabeça, Dharam Rai disse: "Dê-me um lugar onde eu pode habitar".
Então Sahaj disse: "Ouça, Dharam Rai! Sat Purush já lhe deu tudo.
O que quer que tenha saído do estômago de Kurma, Sat Purush ordenou que desse a você.
A você foi dado o Reino dos três mundos! Agora, sem nenhum medo, crie o universo".

Então Kal Niranjan disse: "Como eu faço para criar o universo?
Por favor, diga a Sat Purush, com as mãos juntas, isto: "Eu sou teu servo e não um estranho."
Diga a Sat Purush que eu lhe peço que me dê a semente para o campo da minha criação.
Eu sou Seu servo e não confio em ninguém mais. Diariamente eu me lembro dele.
Vá e diga isto a Sat Purush: 'Por favor, me dê a Semente, o sinal da imortalidade'".

Kabir disse a Dharam Das:

Novamente Sahaj voltou a Sat Purush e lhe disse o pedido de Kal Niranjan.

Então, tal como Sat Purush ordenou, Sahaj retornou para Sat Lok, que é cheia de felicidade.

O Misericordioso Sat Purush não olha para boas ou más ações – Ele é controlado pelo serviço (devoção).

A criação de Adhya

Então Sat Purush, pela sua vontade, criou uma fêmea que tinha oito partes em seu corpo.

Ela tinha oito mãos, e veio e ficou do lado esquerdo de Sat Purush.

Inclinando a cabeça, ela lhe perguntou: "Ó Sat Purush, quais são suas ordens para mim?"

Sat Purush dá a Semente Raiz para Adhya

Então Sat Purush disse o seguinte: "Filha, vá até Dharam Rai (Kal Niranjan).

Tome posse daquilo que eu vos dou, una-se a Dharam Rai e crie o universo".

Kabir disse a Dharam Das:

Então Sat Purush lhe deu a Semente das almas, cujo nome é *Sohang* ("Eu sou você").

Não há nenhuma diferença entre a alma e Sohang; a alma é a essência de Sat Purush.

Sat Purush criou três poderes: a coragem, a consciência d'Ele mesmo, e o *Ulghani*.

HINO

Quando Sat Purush ficou satisfeito, Ele deu Ashtangi (Adhya) para Dharam Rai (Kal).

Foi-lhe dito para que fosse a Mansarovar e se unisse a ele.

A mulher Ashtangi era muito bonita e formosa:

Ela foi condenada para que fosse a Mansarovar e criasse o mundo denso.

DUETO

À ela foi dada a semente raiz de oitenta e quatro *lakhs* (840.000) nascimentos.

Ela foi para criar o universo vivo após curvar a cabeça em reverência para Sat Purush.

Tudo isso foi dado à primeira mulher, que foi para Mansarovar.

Sat Purush chamou Sahaj imediatamente, e ele veio correndo.

Sat Purush disse:

Sahaj, vá até Dharam Rai (Kal) e lhe diga: "A você foi dado o que desejou.

A Semente Raiz foi enviada a você. Agora poderás criar o universo como você quiser.

Vá e viva em Mansarovar, de modo que o universo possa ser criado".

Novamente Sahaj foi até onde Kal Niranjan estava, de pé em sua devoção.

Quando ele lhe transmitiu as palavras de Sat Purush, Niranjan obedeceu.

EM MANSOROVAR: KAL NIRANJAN ENGOLE ADHYA APÓS TER SIDO ATRAÍDO POR ELA; A MALDIÇÃO DE SAT PURUSH

Ouvindo as palavras de Sat Purush, Niranjan foi e se estabeleceu em Mansarovar,

Quando ele viu a mulher, Dharam Rai (Kal) ficou satisfeito.

Olhando para Ashtangi (Adhya), Dharam Rai comportou-se de maneira presunçosa.

Ele disse: "Não há limite para o Senhor sem limites". Encantado com a beleza daquela mulher, ele a olhou.

Olhando para cada parte de seu corpo, tornou-se impaciente,

E ele engoliu a mulher! Ó, Dharam Das, ouviste falar da natureza de Kal!

Quando aquele injusto Kal engoliu a mulher, ela se assustou.

Imediatamente ela gritou por ajuda, dizendo: "Kal fez de mim sua refeição".

Em seguida, Dharam Rai (Kal) foi até Sahaja, que lhe tomou de volta a consciência do Vazio.

Então Sat Purush lembrou do que havia acontecido com Kurma: como Kal também o havia atacado para dominá-lo,

E tinha destruído suas três cabeças. Sat Purush é misericordioso, mas Ele tudo sabe

Sabendo do caráter de Kal, Sat Purush o amaldiçoou – É sobre isso que vou falar agora:

Sat Purush amaldiçoa Kal Niranjan

"Se você vai devorar cem mil almas por dia, cento e vinte e cinco mil serão criadas".

HINO

Então Sat Purush pensou: "Como poderei dar um fim em Kal?

Ele é muito perigoso e fará com que as almas fiquem inquietas.

Eu não posso destruí-lo ou impedi-lo; ele é o meu filho indigno.

Se eu o trouxer de volta a mim, terei que trazer de volta também tudo o mais que foi criado.

DUETO

Esta é a minha Palavra imutável: Eu tirarei Kal daqui.

Ele nunca terá permissão para entrar em meus domínios! Manterei a minha palavra".

Sat Purush envia Jogjit com ordens para expulsar Kal de Mansarovar

Sat Purush chamou Jogjit e o fez entender o caráter de Kal Niranjan: "Jogjit, vá depressa e expulse Kal após lhe dar uma surra.

Agora ele não pode viver em Mansarovar, e neste plano de Sat Lok ele nunca deverá vir.

No estômago de Dharam Rai está aquela mulher. Diga a ela para que se lembre da minha Palavra (*Shabda*),

E que ela vá morar no céu, no mundo mortal, e no mundo inferior, cujo rei é Kal.

Ela deve sair do estômago de Dharam Rai (Kal), e obterá bons frutos por esta boa ação.

Vá e diga a Dharam Rai que agora esta mulher é dele."

Kabir disse a Dharam Das:
Inclinando a cabeça para Sat Purush, Jogjit foi para Mansarovar.
Quando Kal o viu, ficou terrivelmente zangado.

Kal lhe perguntou: "Por que você veio aqui? Quem te mandou aqui hoje?"

Jogjit disse: "Ó Dharam Rai, você devorou aquela mulher!
E Sat Purush me ordenou que te expulse daqui".
Jogjit perguntou à mulher: "Por que você está no estômago de Kal?
Rasgue-o e saia! E lembre-se da Glória de Sat Purush!"

Kabir disse a Dharam Das:
Ao ouvir isso, Dharam Rai queimou de ira dentro de si, e ficou diante de Jogjit, e ambos se confrontaram.
Então Jogjit se lembrou de Sat Purush, e recebeu Sua Luz e Poder:
Sat Purush ordenou que ele batesse no meio da testa de Kal com toda a força.
Jogjit fez o que lhe foi ordenado.

HINO

Quando Jogjit o acertou, Dharam Rai sofreu uma queda para longe de Sat Lok (o mundo celestial superior).
Ele estava com medo de Sat Purush e levantou-se por si mesmo.
A mulher saiu do seu estômago e, vendo-o outra vez, voltou a sentir medo.
Ela estava em dúvida e com medo de Kal.
Ela permaneceu – pensativa – olhando para o chão aqui e ali.
Dharam Rai disse: "Ouça, mulher! Perca o seu medo de mim.
Sat Purush criou você para mim, e agora vamos criar o universo juntos.
Eu sou seu homem e você é a minha mulher: abandone o seu medo".
Disse a mulher: "Por que você fala desta maneira? Você é meu irmão mais velho!"
A mulher disse: "Ouça, pai, por que você fala assim, sabendo de

nossas relações?

Agora eu sou sua filha, desde quando você me colocou em seu estômago!

Anteriormente você era meu irmão mais velho, e agora você é meu pai.

Olhe para mim com olhos puros, ou você estará cometendo um pecado!

Se você olhar para mim com desejo, se tornará um pecador".

Kal Niranjan disse: "Ouça, Bhavani (Adhya), vou lhe dizer a verdade: Eu não tenho medo dos pecados e virtudes, porque eu mesmo os criei.

Todos os pecados e virtudes nasceram de mim, e de mim ninguém pedirá que eu preste conta.

Vou espalhar os pecados e virtudes, e qualquer um que se enredar neles será nosso.

É por isso que eu digo a você que entenda e aceite a minha palavra.

Sat Purush deu você para mim, Bhavani! Ouça a minha palavra!"

Kabir disse a Dharam Das:

Ao ouvir isso, a mulher riu; eles concordaram entre si e ambos ficaram deliciados.

Ela disse palavras agradáveis com uma voz doce; ela pensou em ter relações sexuais com Dharam Rai.

Ouvindo suas doces palavras, Dharam Rai ficou satisfeito, e decidiu realizar o ato sexual com ela.

HINO

A mulher disse: "Eu não tenho um órgão genital". Então Kal Niranjan procedeu desta maneira:

Com sua unha, ele imediatamente cortou o orifício de seu órgão genital, e desse modo foi formada a porta da criação.

O sangue começou a verter do órgão genital, uma vez que foi ferido pela unha e, desde então, o ato sexual começou a existir.

Ó Dharam Das! Ouça a história da criação, que nenhum homem sabe:

Kal se deliciou por três vezes (no ato sexual) e Brahma, Vishnu e

Mahesh (Shiva) foram gerados.

Brahma é o mais velho, Vishnu é o segundo nascido, e Shambu (outro nome de Shiva) é o mais jovem.

DUETO

Quando Kal e a mulher se apreciaram,
Deu-se início a criação.

3. A criação dos mundos inferiores

Dharam Das, entenda o que aconteceu depois:

O Fogo, o Ar, a Água, a Terra e o Céu, tudo isso saiu do estômago de Kurma (a manifestação do deus Vishnu, mantenedor do Universo),

Os cinco elementos foram retirados do seu estômago, e as três qualidades (paz, atividade e inércia) saíram de sua cabeça.

Desta forma os três *gunas* (ou seja, as qualidades acima mencionadas) se manifestaram, e Dharam Rai criou o universo.

Kabir disse a Dharam Das:

Ele misturou os elementos e as *gunas* (qualidades) e os deu para a deusa, e então ele criou sua própria essência.

Ele derramou três gotas (da mistura) no órgão genital da mulher, e três partes foram criadas.

Cinco elementos e três gunas foram misturados (paz, atividade e inércia): Desta forma, o mundo foi criado.

Da primeira gota Brahma nasceu, a quem foi dado o Rajo Guna (movimento) e os cinco elementos.

Da segunda gota Vishnu nasceu, e lhe foi dado o Sato Guna (equilíbrio) e os cinco elementos.

Da terceira gota Mahesh (Shiva) nasceu, e foi abençoado com o Tamo Guna (inércia) e os cinco elementos.

Os cinco elementos e as três gunas foram misturados, e então seus corpos foram feitos.

É por isso que, continuamente, o mundo é destruído, e ninguém sabe o segredo do seu início.

Em seguida, Dharam Rai disse: "Ouça, Ó Mulher! Obedeça-me.

Você tem a semente da vida. Use-a, crie o universo".

Novamente Niranjan disse: "Ouça o que eu digo, minha rainha.

Eu lhe dei três filhos. Agora eu vou dedicar minha atenção na adoração de Sat Purush.

Tomando estes três filhos, governe o mundo, e não diga o segredo da minha existência a ninguém.

Nenhum dos meus três filhos terão o vislumbre de mim; se alguém procurar por mim, este perderá sua vida.

Espalhe as crenças pelo mundo de que nenhuma alma será capaz de obter o Conhecimento de Sat Purush.

Quando meus três filhos ficarem mais velhos, envie-os para agitar o Oceano".

Tere Prem Bavari Kita

CORO

O seu amor deixou-me louco. Agora não tenho controle sobre isso.

As pessoas dizem que o amor é fácil, mas o seu ataque é como o do tigre. É como o veneno da cobra negra. A alma treme e torna-se perplexa.

Eu sinto o seu amor em meus ossos. Quando eu dou um passo meu coração palpita.

De dentro das cordas do amor há vibração. As almas mergulham no amor.

Seu rosto é como a lua, e nossa condição é como o pássaro da lua.

A armadilha do amor é muito forte. Nossas almas choram.

Ouça, ó Santo Mestre (*Satguru*) Ji Kirpal, qual é a nossa condição, nós os sofredores?

Perdoa-nos, ó Santo Mestre, misericordioso dos pobres – as almas fazem este pedido a Você.

Ele que quer ganhar o amor deve primeiro sacrificar sua cabeça.

Ajaib profere. Então ele recebe o *darshan* (vislumbre) de sua amada. Assim diz o Bani.

Kabir disse a Dharam Das:

Explicando essas coisas para a deusa, Kal Niranjan tornou-se invisível.

Ele morava na caverna do Vácuo da consciência – quem pode saber este segredo?

Ele se tornou invisível; agora entenda a sua mente como Kal Niranjan (entende).

Quando uma pessoa derrota a mente e recebe o Conhecimento de Sat Purush,

Sat Purush se manifesta no interior desta pessoa.

DUETO

Todas as almas (*jivas*) tornaram-se tolas e pensam que Kal é o Inconcebível (o Deus Supremo).

Envolvidas nas marés do Karma, elas sofrem de dor nascimento após nascimento.

Kal perturba as almas, envolvendo-as em muitos Karmas:

Ele próprio executa seus truques – mas com consequências para as almas.

A AGITAÇÃO DO OCEANO: A CRIAÇÃO DAS QUATORZE JOIAS

Quando os três meninos (Brahma, Vishnu e Mahesh) se tornaram sábios, sua mãe lhes disse para que fossem agitar o Oceano.

Mas eles estavam brincando de suas brincadeiras, e não queriam ir.

Dharam Das, ouça e entenda o que aconteceu lá! Nesta ocasião, aconteceu assim.

Kal Niranjan praticou Yoga e começou a soprar muito vento.

Quando ele os exalou, saíram os Vedas.

Os Vedas saíram com sua respiração, mas poucos sabem este segredo.

Então os Vedas oraram e perguntaram: "Quais são os oráculos para nós, ó Niranjan?"

Foi dito a eles: "Vão e vivam no Oceano. Permaneçam com aquele que encontrará vocês".

Ocorreu este som, mas a forma não foi vista. Apenas uma luz profunda foi vista.

Em seguida os Vedas brilharam pela sua própria luz assim como o mundo brilha com a luz do sol.

Os Vedas vieram para onde Dharam Rai (Kal Niranjan) havia criado o Oceano.

Quando eles foram para as profundezas do Oceano, Dharam Rai pensou nisso:

Ele falou com a deusa, através da contemplação (*dhyan*) invisível, e perguntou por que ela impediu as crianças de agitarem o oceano.

Ele disse a ela, "Envie rápido os três filhos para agitarem o oceano! Obedeça minhas ordens com empenho".

Então ele mesmo foi para o Oceano, enquanto a deusa pensava sobre a agitação produzida nele.

Ela disse aos três meninos o que queria e, abençoando-os, os enviou para lá.

"Vão para o Oceano depressa, meus filhos! Lá vocês encontrarão os tesouros".

Brahma obedeceu suas palavras e partiu em direção ao Oceano. Os outros dois o seguiram.

HINO

Três crianças foram brincar, tais como belos filhos do Cisne.

Agarrando um ao outro e perseguindo um ao outro, eles andaram de maneira extraordinária.

Às vezes eles caminhavam, às vezes eles corriam, às vezes eles permaneciam acenando com as mãos.

Nem mesmo os Vedas cantam as belezas daquela época.

Os três foram e ficaram perto do Oceano.

Cada um deles queria saber como agitá-lo.

A primeira agitação do Oceano

Quando cada um deles agitou o Oceano, obtiveram três coisas:

Brahma obteve os Vedas, Vishnu o fogo, e Mahesh veneno.

Pegando todas estas três coisas, eles partiram alegremente para a casa de sua mãe.

Eles voltaram para ela e mostraram as suas coisas.

Ela disse a eles que os guardassem para si.

A segunda agitação do Oceano

"Mais uma vez vão e agitem o Oceano. Tudo o que vocês obtiverem, mantenham com vocês".

Dizendo isso, Adhi-Bhavani (Adhya) usou um ardil, e criou três mulheres.

Cada uma delas tinha nelas mesmas a sua essência.

Cada uma delas chegou antes de sua mãe, que as distribuiu entre seus filhos.

Os três filhos foram para agitar o Oceano e nada sabiam sobre as mulheres.

Mas quando eles agitaram desta vez, encontraram as três mulheres, o que os deixou muito satisfeitos.

Tomando as mulheres com eles, voltaram e se inclinaram para a sua mãe.

A mãe disse: "Ouçam, meus filhos: Estas (mulheres) são para o seu trabalho".

A cada um foi dado uma mulher, com ordens para que tivessem prazer com elas:

"Brahma, você toma Savitri; Vishnu, você toma Laxmi".

Parvati foi dada a Shankar (Shiva). Essas foram as ordens de sua mãe.

Aceitando o que Adhya lhes deu, eles se curvaram para ela.

Receber as mulheres os fizeram tão felizes como o Chakor (ave que habita os cumes nevados) quando vê a lua de noite.

Todos os três irmãos se entregaram à luxúria, e assim os deuses e demônios nasceram.

Dharam Das, entenda isso: aquela que foi uma vez menina tornou-se a mãe.

Novamente a mãe lhes disse: "Todos vocês, irmãos! Vão e agitem novamente o oceano!

Tudo o que vocês conseguirem, mantenham com vocês; e não demorem!"

A terceira agitação do oceano

Curvando suas cabeças, os três filhos se foram; "Vamos fazer o que você diz".

Eles agitaram o oceano sem qualquer demora e distribuíram entre si o que eles conseguiram.

A mina das catorze joias surgiu, e eles levaram à sua mãe.

Todos os três irmãos estavam felizes; Vishnu pegou o Néctar e Mahesh pegou o Veneno.

ADHYA ORDENA AOS SEUS TRÊS FILHOS PARA QUE CRIEM O UNIVERSO. OS QUATRO TIPOS DE SERES CRIADOS.

Então sua mãe disse o seguinte: "Vocês três: criem o universo!"

Ela criou os que nascem do ovo, Brahma criou os que nascem do ventre,

Vishnu criou os que nascem da umidade, e Shiva criou os que nascem das sementes;

8.400.000 espécies foram criadas, e a Terra foi feita, metade de água, metade de terra.

Os nascidos das sementes possuem um elemento; os nascidos da umidade possuem dois;

Os nascidos do ovo possuem três elementos, e os nascidos do ventre possuem quatro.

Nos seres humanos são cinco elementos, e as três *gunas* (qualidades) os embelezam.

Brahma vem para saber sobre o Sem Forma pela leitura do Vedas

Então Brahma leu os Vedas, e, ao lê-los, sentiu amor.

Os Vedas dizem: "Há um só Sat Purush, Ele é Amorfo (*Nirankar*) e não tem nenhuma forma.

Ele é visto em forma de luz no plano do vácuo da consciência, e Ele não pode ser visto com o corpo físico.

Sua cabeça está no céu e seus pés ficam no mundo inferior".

Descobrindo isso, Brahma ficou embriagado.

Ele disse a Vishnu: "Os Vedas me disseram sobre a Pessoa (ou Ser) Original".

Então ele disse a Shiva que a essência dos Vedas é que existe um Sat Purush.

DUETO

Os Vedas dizem: "Há um Sat Purush, mas não sabemos o Seu segredo".

Kabir disse a Dharam Das:

Então Brahma voltou à sua mãe. Saudando-a, ele tocou seus pés.

"Ó mãe, os Vedas me disseram que existe um outro Criador!"

HINO

Brahma disse: "Ouça, minha mãe! Diga-me, quem é o seu marido?

Derrame sua bênção sobre mim, e não esconda isso de mim: Onde está o nosso pai?"

Sua mãe disse: "Ouça Brahma, você não tem nenhum pai;

Tudo foi criado a partir de mim; Eu tenho nutrido toda a criação".

Brahma disse: "Mãe, ouça com atenção:

Os Vedas chegaram à conclusão de que há um Purush (Ser Original) que é oculto em sua forma".

Adhya disse: "Ouça, meu filho Brahma: não há nenhum outro criador, mas apenas Eu.

Eu criei os três mundos, e eu sozinha criei os sete oceanos".

Brahma disse a Adhya:

"Eu acredito em você, que você fez tudo isso: mas por que escondeu isso até agora?

Os Vedas dizem que há um Alakh Niranjan Sat Purush –

Se você é a criadora, por que não pensou nisso antes? –

Você fez o Vedas: por que você menciona Alakh Niranjan neles como o criador?

DUETO

Se você criou tudo por si mesma, então, mãe, por que você não escreveu isso nos Vedas?

Não me engane, me diga a verdade".

Quando Brahma mostrou sua obstinação, Adhya ponderou sobre o que fazer.

Kabir disse a Dharam Das:

Ela pensou: "Como posso convencê-lo? Ele não acredita em mim.

Se eu contar a ele sobre Niranjan, como é que ele vai aceitá-lo?

Além disso Niranjan me disse que ninguém pode ter o seu vislumbre (*darshan*).

Se eu disser que ele é invisível, o que farei para que ele possa vê-lo?"

Pensando com cuidado, ela disse ao seu filho, "Alakh Niranjan (Kal) não dá o seu vislumbre".

Brahma disse: "Diga-me onde ele está, e não se preocupe com os prós e os contras.
Eu não acredito em suas palavras; Eu não gosto deste negócio.
Primeiro você quer me enganar, agora você diz, 'Ele não dá o seu vislumbre,
Então você não terá o vislumbre'. Não diga coisas inúteis como esta.
Dê-me o vislumbre dele agora. Eu já não posso confiar mais em você.
Esclareça minhas dúvidas – não demore nem por um momento".

Sua mãe disse: "Ouça Brahma! Eu estou lhe dizendo a verdade.
Sua cabeça está no sétimo céu e seus pés estão no sétimo mundo inferior.

HINO

Se você deseja o vislumbre dele, pegue uma flor em sua mão e curve sua cabeça para ele".
Ouvindo isto Brahma voltou para a terra, com a cabeça baixa.
Sua mãe pensou: "Ele não me obedece.
Os Vedas o ensinaram sobre isso, mas ele não será capaz de ter o vislumbre (de seu pai)".

Ashtangi disse: "Ouça, meu filho: Alakh Niranjan (Kal) é o seu pai.
Mas, querido filho, você nunca terá o seu vislumbre; Eu digo isso com pleno entendimento".
Ouvindo isto Brahma ficou perturbado. Em sua mente veio a determinação de ter o vislumbre de seu pai.
Baixando a cabeça para sua mãe, ele decidiu que só voltaria depois de ter o vislumbre de seu pai.
Imediatamente ele começou a se mover depressa para o norte.
Vishnu dirigiu-se para o mundo inferior; ele também queria o vislumbre de seu pai.
Mas Mahesh não deixou que sua atenção se dispersasse. Ele não pronunciou uma só palavra; apenas continuou servindo sua mãe.

Shivaji (Mahesh) não se preocupou. Ele manteve sua atenção no serviço de sua mãe.

Muitos dias se passaram, enquanto a mãe se preocupava com seus filhos.

Vishnu retorna de sua busca e diz que não viu os pés de seu pai

Primeiro Vishnu retornou para sua mãe e lhe contou sua história:

"Eu não vi os pés do meu pai. Com o fogo do veneno de Shesh Nag (a serpente primordial), meu corpo tornou-se negro.

Fiquei aborrecido com isso e voltei. Eu não tive o vislumbre do meu pai".

Ao ouvir isso, Adhya ficou muito satisfeita. Carinhosamente chamou Vishnu para perto dela e o acariciou.

Ela o beijou e, mantendo a mão sobre sua cabeça em bênção, disse: "Meu filho, você me disse a verdade".

Dharam Das disse a Kabir:

Minha dúvida foi esclarecida; Ó meu Senhor, fale-me agora sobre Brahma.

Ele teve o vislumbre da cabeça do seu pai ou ele também voltou decepcionado?

HINO

Você me contou a história do dia em que Brahma foi ver seu pai.

Será que ele encontrou seu pai ou não? Será que ele teve o seu vislumbre ou não?

Ó meu Santo Mestre (*Satguru*), fale-me sobre tudo isto, explicando cada detalhe para mim.

Reconhecendo-me como teu servo, lance luz sobre este assunto.

Não esconda nada de mim.

Meu Senhor, eu sou teu servo, por favor, faça o meu nascimento valer a pena:

Diga-me o que aconteceu depois.

A história da busca de Brahma por seu pai

Kabir disse a Dharam Das:

Dharam Das, você é muito querido para mim. Compreenda os meus ensinamentos, e com determinação mantenha-os em seu coração.

Brahma não demorou muito para chegar lá, uma vez que ele desejava o vislumbre de seu pai.

Ele chegou ao lugar onde não há nem o sol nem a lua – Lá há apenas o Vazio.

De muitas maneiras ele orou, e então contemplou a Luz.

Desta forma, muitos dias se passaram, mas, mesmo assim, ele não obteve o vislumbre de seu pai.

Ele gastou quatro eras (*yugas*) contemplando o Vazio, mas mesmo isso não o fez obter o vislumbre de seu pai.

Adhya se preocupa com Brahma

Brahma não obteve o vislumbre de seu pai; meditando sobre o Vazio, muitas eras (*yugas*) se passaram.

Sua mãe se preocupou em seu coração: "Onde está Brahma, meu filho mais velho?

Como posso eu continuar criando? Quando ele voltará?"

A criação de Gayatri

Esfregando seu corpo, a mãe removeu a sujeira e criou com ela a forma de uma filha.

A essência de Shakti (a deusa mãe) foi misturada com ela, e o nome Gayatri foi dado a ela.

Gayatri inclinou-se para a mãe, beijou seus pés, e colocou sua cabeça em seus pés.

Unindo as duas mãos, Gayatri fez este pedido: "Ouça, mãe, a minha única pergunta:

Por que você me criou? Diga-me para que eu possa obedecer suas ordens".

Adhya disse: "Filha, ouça isto: Brahma é o seu irmão mais velho.

Ele foi pelo céu para ter o vislumbre de seu pai. Vá e o traga de volta depois de fazê-lo entender

Que ele nunca terá o vislumbre deste pai. Ele desperdiçará seu nascimento ao procurá-lo.

O que for preciso para trazê-lo, vá e faça, e traga-o de volta".

Gayatri vai a procura de Brahma

Kabir disse a Dharam Das:

Gayatri iniciou a caminhada com as palavras de sua mãe em seu coração.

A menina, com o corpo suave, caminhava pensando nas palavras de sua mãe.

HINO

Ao chegar lá ela viu o Sábio (Brahma), cujos olhos estavam fechados;

Por alguns dias ela permaneceu lá; e então pensou em um plano.

"Como ele vai se levantar? E agora, o que vou fazer?"

Lembrando de sua mãe, ela pensou e pensou – e, finalmente, fez contato com ela.

Adhya diz a Gayatri como acordar Brahma

Quando Gayatri contactou Adhya, recebeu esta Mensagem:

"Brahma despertará apenas quando você tocá-lo".

Entao Gayatri fez o que sua mãe lhe disse:

Após fazer uma reflexão, ela tocou seus pés de lótus.

O despertar de Brahma; sua raiva por Gayatri

Quando Brahma acordou e sua atenção foi perturbada, ficou aborrecido e disse:

"Quem é esta pecadora, esta culpada, que me fez sair de minha meditação profunda (*Samadhi*)?

Eu vou amaldiçoá-la porque você me perturbou das lembranças de meu pai!"

Gayatri disse: "Primeiro conheça o meu pecado, e então amaldiçoe-me.

Eu estou lhe dizendo a Verdade; sua mãe me enviou para levá-lo de volta.

Agora vamos lá, rápido! Sem você, quem vai espalhar a Criação?"

Brahma disse: "Como posso eu ir? Eu não consegui obter o

vislumbre de meu pai ainda!"

Gayatri disse: "Você terá o vislumbre de seu pai, mas agora venha rápido comigo, ou você vai se arrepender".

Brahma diz a Gayatri para dar falso testemunho; Gayatri exige relações sexuais com Brahma

Brahma disse: "Se você testemunhar que eu vi a cabeça de meu pai com os meus próprios olhos

E fazer minha mãe se convencer, eu vou com você".

Ao ouvir isso, Gayatri disse, "eu não direi palavras falsas;

Mas se você cumprir o meu desejo, meu Irmão, só assim eu poderei mentir".

Brahma disse: "Eu não compreendo. Explique-se; seja clara".

Gayatri disse, "tenha relações sexuais comigo, e então eu mentirei, e você vencerá".

Kabir disse a Dharam Das:

Gayatri disse: "É claro que isso é egoismo, mas eu estou lhe dizendo que faça isso – considere isso como uma caridade, algo virtuoso".

Ouvindo isto Brahma pensou em seu coração, "O que vou fazer agora?"

HINO

"Se eu permanecer indiferente a ela, meu propósito não será atendido.

Ela não dará o testemunho, e minha mãe me envergonhará.

Eu não vi meu pai – nenhum de meus propósitos será realizado através dos pensamentos sobre os pecados. Eu devo me deitar com ela!"

Brahma teve relações com ela e a determinação para ter o vislumbre de seu pai desapareceu de sua mente.

Ambos ficaram cheios de ardor e, em lugar de pensamentos decentes, os maus pensamentos vieram.

A criação de Puhupnvati

Quando Brahma disse a Gayatri para regressar à sua mãe, ela disse,

"Eu tenho uma outra ideia. Deixe-me criar mais uma testemunha".

Brahma disse: "Que bom. Faça qualquer coisa para fazer minha mãe acreditar".

Então Gayatri pensou, e, retirando sujeira de seu corpo,

Ela criou uma filha. Misturando a sua própria essência nela, a chamou Savitri.

Quando Gayatri disse a ela para dizer que Brahma teve o vislumbre de seu pai,

Savitri disse: "Eu não sei nada sobre isso. Eu morrerei se der falso testemunho".

Ouvindo isso, ambas ficaram muito preocupadas. Elas não sabiam o que fazer.

Gayatri tentou convencê-la de muitas maneiras, mas Savitri não concordou.

Finalmente, Savitri proferiu estas palavras:

"Se Brahma tiver relações comigo, eu mentirei."

Gayatri disse a Brahma, "tenha relações com ela e complete o nosso trabalho".

Brahma teve relações com Savitri e, desta forma, carregou mais um fardo de pecado em sua cabeça.

(Savitri tem também outro nome: ela também é chamada Puhupavati).

Todos os três partiram para o lugar onde sua mãe estava.

Brahma retorna à sua mãe com Gayatri e Savitri, e todos foram amaldiçoados

Brahma saudou sua mãe, e ela perguntou como ele estava:

"Diga-me, Brahma, você teve o vislumbre de seu pai? E onde você conseguiu essa outra mulher?"

Brahma disse: "Ambas são minhas testemunhas – que eu vi a cabeça do Senhor com os meus próprios olhos".

Em seguida, a mãe pediu a Gayatri para ponderar cuidadosamente e dizer a verdade:

"Você o viu tendo o vislumbre? Diga-me sobre o seu verdadeiro feito".

Então Gayatri disse o seguinte: "Brahma teve o vislumbre da cabeça de seu pai.

Eu vi que ele tocou em sua cabeça; Brahma se encontrou com o Senhor.

HINO

Brahma tocou a cabeça de seu pai com flores na mão. Eu vi com meus próprios olhos.

Ele lhe ofereceu flores – derramando a água. Ó minha mãe, isso é verdade.

A partir dessas flores saiu esta Puhupavati naquele lugar.

Ele teve o vislumbre de seu pai. Pergunte à menina.

Ó mãe, isso é verdade. Você pode perguntar a Puhupavati.

Eu estou lhe dizendo a verdade. Não há nenhum sinal de falsidade nele".

A mãe perguntou a Puhupavati, "Diga-me a verdade.

Diga-me o que aconteceu quando Brahma tocou sua testa.

DUETO

Ó Puhupavati, me conte a história do vislumbre em detalhes.

Eu estou pedindo que você me diga: Como Brahma obteve o vislumbre de seu pai".

Então Puhupavati disse: "Mãe, esta é a verdade.

O Sábio teve o vislumbre da cabeça de seu pai, e ele definitivamente lhe ofereceu flores".

Kabir disse a Dharam Das:

Ao ouvir a testemunha, Adhya ficou perplexa. Ela ficou surpresa e não entendia o segredo por trás disso.

A preocupação de Adhya

"Alakh Niranjan (Kal) me disse com determinação que ninguém nunca o veria.

Portanto, estarão estes três mentindo, Ó Alakh Niranjan? Explique-me isso".

Ashtangi (Adhya) lembrou-se de Niranjan (Kal), que por sua vez lhe disse:

"Brahma não teve o meu vislumbre. Ele trouxe testemunhas falsas.

Todos eles mentiram. Não acredite neles – isso é completamente falso".

Adhya amaldiçoa Brahma

Ouvindo isso a mãe ficou zangado e amaldiçoou Brahma:

"Ninguém irá adorá-lo, pois você não falou a verdade.

Você falou inverdades. Além disso, você cometeu mau karma, e carrega (por isso) o fardo do inferno em sua cabeça.

Sua raça também mentirá, e seu eu interior será cheio de pecados imundos.

Eles farão muitas regras e regulamentos;

Eles serão os devotos de Vishnu e, portanto, cairão no inferno.

Eles contarão a história dos Livros Sagrados (*Puranas*) aos outros, mas, agindo de forma diferente, sofrerão dor.

Em verdade eu digo a você sobre aqueles que, ouvindo a sua raça, terão o seu conhecimento e farão a sua devoção:

Eles procurarão a essência de outros deuses e, fazendo críticas, cairão na boca de Kal.

Eles adorarão os deuses de muitas maneiras e, por causa de suas oferendas, terão suas cabeças cortadas.

Aqueles que se tornarem seus discípulos e segui-lo nunca obterão qualquer riqueza espiritual.

Eles nunca chegarão ao caminho da espiritualidade e, por interesse próprio, eles ensinarão os outros.

Por interesse próprio eles farão o mundo ouvir o seu conhecimento, e montarão seus próprios negócios de adoração no mundo.

Eles consideram a si mesmos os mais altos, e os outros os mais baixos. Ó Brahma, sua raça será muito maculada!"

Kabir disse a Dharam Das:

Quando a mãe atingiu Brahma com esta maldição, ele desmaiou e caiu.

Adhya amaldiçoa Gayatri

"Gayatri, agora é sua vez. Você terá cinco maridos.

Seu primeiro marido será Vrishab (o touro, ou a ambição). Sua raça vai se espalhar muito, mas será destruída.

Você reencarnará muitas vezes, e comerá alimentos não comestíveis, uma vez que mentiu monstruosamente.

Foi por interesse próprio que você mentiu. Por que deste falso testemunho?"

Gayatri aceitou a maldição, e então Adhya olhou para Savitri.

Adhya amaldiçoa Savitri

"Ó Puhupavati, com conhecimento de causa você mentiu e estragou o seu nascimento.

Ouça, Puhupavati: ninguém nunca acreditará em você, nem te adorará por vontade própria.

Você viverá onde há sujeira. Vá e sofra no inferno, já que mentiste pela luxúria.

Aquele que semeá-la e nutri-la – para ele a sua dinastia chegará ao fim.

Agora vá e tome outra encarnação como (a planta) Kevda-Ketaki".

Kabir disse a Dharam Das:
HINO
Todos eles foram amaldiçoados como resultado da tolice maldosa realizada.

A mulher como objeto de prazer sexual é o maior ardil do Poder Negativo, que atingiu a todos.

Nem Brahma, nem Shiva, nem mesmo Shankadi, nem Narada, escapou disso.

Ouça, Ó Dharam Das, só quem está ligado ao *Sat Naam* (Nome Sagrado) escapa disso.

Com a gloriosa graça da Palavra Sagrada (*Sat Shabda*), esta arte de Kal nunca poderá alcançá-lo.

Aquele que permanece unido aos pés do Mestre em mente, palavra e ação – a este o pecado nunca poderá se aproximar.

O arrependimento de Adhya e seu medo de (Kal) Niranjan

HINO
Ela se arrependeu em sua mente após serem amaldiçoados, e pensou: "O que (Kal) Niranjan fará comigo agora? Eu não sou perdoável".

Niranjan amaldiçoa Adhya

Um som veio do céu, "Ó Bhavani, o que fez você?
Enviei-lhe para criar o universo. Por que você fez isso?

DUETO

Se qualquer um que é grande assedia um pequeno, eu sou aquele que cuida da vingança.
Quando a Terceira Era vier você terá cinco maridos".

Kabir disse a Dharam Das:
Quando Bhavani ouviu a maldição sob a forma de uma vingança ela nada disse, mas pensou,
"Eu fui amaldiçoada. E agora, Niranjan Rai, o que eu faço?
Estou sob o seu comando. Faça o que você quiser".

Por que Vishnu tornou-se negro

Em seguida Adhya perguntou a Vishnu, acariciando-o, "Ouça, meu filho, uma palavra minha.
Diga-me a verdade: quando você foi para conseguir o vislumbre dos pés de seu pai,
Você era branco. Como você se tornou negro?"

Vishnu disse a Adhya:
"Assim que você me autorizou, eu parti ao mundo inferior para ter o vislumbre dos pés de meu pai.
Em minhas mãos eu levava flores de Akshat, e comecei a andar a caminho do mundo inferior.
Aproximei-me de Shesh Nag (a Serpente Primordial), cujo poder de seu veneno me desacelerou.
O poder do veneno penetrou em mim, e me tornou negro.
Naquele momento eu ouvi um som, e falarei sobre isso com você:
Ele disse: "Vishnu, volte para a sua mãe e diga-lhe a verdade.
Como no Sat Yuga (Era do Ouro, ou da perfeição) e no Treta Yuga (Era de Prata, sendo que ¼ das virtudes foram tomadas pelo pecado), quando o quarto caminho do Dwapar Yuga (Era de Bronze, quando metade das virtudes foram tomadas pelo pecado) vier,
Então você será encarnado como Krishna. Eu lhe digo que naquela

época você será vingado.

No rio Kalindi você colocará Shesh Nag em uma corda. Agora volte sem demora.

Aquele que persegue os pequenos depois de se tornar grande, este sofrerá a vingança vinda de mim.

Eu me vingarei daqueles que perseguem os outros".

Então eu retornei até você e lhe disse a verdade.

Eu não vi os pés de meu pai, e meu corpo tornou-se negro como o fogo do veneno.

Eu voltei devido ao crescimento de minha inquietude. Eu não obtive o vislumbre dos pés de meu Pai".

Adhya dá a Vishnu o vislumbre (*darshan*) de luz.

Ouvindo atentamente isso, sua mãe ficou feliz; ela ergueu Vishnu e o sentou em seu colo.

Então Adi-Bhavani (Adhya) disse: "Meu filho querido, me escute:

Veja, meu filho, agora eu farei você ver seu pai e dissipar a ilusão de sua mente.

Primeiro de tudo, olhe com os olhos do seu intelecto, e obedeça as minhas palavras com o seu coração.

Entenda sua mente como o elemento criador: ninguém conhece o criador, exceto a mente.

Nos céus e nos mundos inferiores, só a mente se espalha. A mente é instável e falsa,

Em um momento ela nos mostra suas fraudes sem limites. Ninguém pode ver a mente.

Chame a mente de Nirankar (Sem Forma), e permaneça dia e noite feliz em seus desejos;

Invertendo a sua atenção, olhe no vazio, onde a luz está brilhando:

Controle a sua respiração e chegue ao *Gaggan* (o Paraíso); em seguida, reflita sobre o caminho do céu".

Vishnu fez em sua mente conforme sua mãe tinha explicado.

HINO

Controlando a respiração, ele foi ao interior da caverna e contemplou.

Um som alto foi feito no céu por uma onda de vento.

Ouvindo o som, sua mente tornou-se embriagada, e então imaginou.

Com a imaginação de sua mente, nuvens brancas, amarelas, verdes e vermelhas foram vistas no plano vazio.

Depois disso, Dharam Das, a mente mostrou-se por si mesma a ele.

Ela lhe mostrou a luz – e viu que Vishnu ficou feliz.

Vishnu inclinou a cabeça para sua mãe com humildade e dependência:

"Ó minha mãe, com a sua graça eu vi o Senhor".

Dharam Das humildemente pediu: Ó Senhor, estou incerto sobre isso:

A mulher disse a ele sobre a mente contemplativa – é assim que todas as almas são iludidas?

O Santo Mestre (Satguru) disse:

Dharam Das, este é o caráter de Kal, e, por causa disso, Vishnu não obteve o conhecimento de Sat Purush.

Veja o truque desempenhado pela mulher: Escondendo o Néctar, ela inteligentemente deu o Veneno para o filho.

Não há nenhuma diferença entre Kal e aquela luz vista por Vishnu:

Após a compreensão da verdade, apunhala a verdadeira religião.

Este é o caráter de Kal: seja o que for que esteja dentro dele, ele age de acordo com o exterior.

Quando um homem acende a chama ele pensa sobre seus atributos:

Olhando a luz, uma mariposa chega perto; ela a entende como o seu Amado.

Mas assim que ela a toca, é reduzida a cinzas. Inconscientemente ela morre por nada.

Kal é como a chama. Este cruel Kal não poupa a ninguém.

Ele tem devorado dezenas de milhões de encarnações e Vishnu. Brahma e Mahesh também foram devorados por ele — depois de ele os perturbarem.

Tantos problemas ele causa às almas que eu nunca poderia mencioná-los todos:

Pensando sobre eles, eu fico assustado.

Diariamente ele devora cem mil almas – tão horrível é esse açougueiro Kal!

Dharam Das disse:

Ouça, meu Senhor: uma dúvida penetrou em minha mente.

Ashtangi (Adhya) foi criada por Sat Purush, e eu já sei como ela foi criada;

Ela foi engolida por Dharam Rai (Kal), e saiu pela gloriosa graça de Sat Purush.

Mas esta mesma Ashtangi cometeu fraude – contrariando Sat Purush, ela fez Kal se manifestar.

Ela não contou o segredo de Sat Purush para seus filhos; ela os fez meditar sobre Kal Niranjan.

Por que Ashtangi fez isso? Por que ela deixou Sat Purush e se tornou amiga de Kal?

O Santo Mestre (Satguru) disse:

Ó Dharam Das, ouça sobre os atributos da mulher: Eu vou fazê-lo entender tudo.

Quando há uma menina na família, ela é provida com muitas comodidades:

Sua alimentação, vestuário e roupa de cama lhe são fornecidos. Mas todos a consideram como uma visitante.

Carinhosamente são realizadas as cerimônias, mas ela é feita para partir com o seu marido.

Quando a filha vai para a casa do seu marido, ela é pintada com as cores do seu marido.

Ela esquece de sua mãe e de seu pai: Dharam Das, esta é a qualidade da mulher.

É por isso que Adhya também se tornou uma estranha, e ela, a Bhavani (Adhya), tornou-se uma parte de Kal.

É por isso que ela não tornou Sat Purush visível, mas sim mostrou a forma de Kal para Vishnu.

Dharam Das disse a Kabir:

Ó, meu Senhor, agora eu sei o segredo. Diga-me agora o que aconteceu além disso.

Kabir disse a Dharam Das:

A mãe destruiu o orgulho de Brahma, e novamente chamou o seu querido filho Vishnu:

"Ó Vishnu, você tem esta bênção: Você será o favorito entre os deuses.

Vou trabalhar para o cumprimento de cada desejo que você tiver em seu coração.

Maya faz de Vishnu o supremo

O primeiro filho Brahma foi reprovado, pois a falsidade e o mal de suas obras foram estimados por ele.

Agora você é o supremo entre os deuses, e todos vão adorá-lo", disse a mãe.

Kabir disse a Dharam Das:

Desta forma a mãe disse essas palavras, cheia de graça, e fez de Vishnu o supremo.

Em seguida, ela foi para Mahesh (Shiva). Olhando para ela, Mahesh ficou cheio de felicidade.

Adhya abençoa Mahesh

Mais uma vez a mãe perguntou "Diga-me, meu filho Shiva, o que há em seu coração.

Peça o que quiser – Sua mãe lhe dará.

Meu filho, eu estou determinada a lhe dar uma benção de acordo com o seu desejo".

Unindo ambas as mãos, Shiva disse: "Mãe, eu farei o que você pedir.

Peço apenas este favor: que o meu corpo jamais seja destruído!

Ó minha mãe, derrame muitas graças sobre mim, e que meu corpo nunca pereça".

Ashtangi disse: "Isso nunca poderia acontecer, ninguém pode se tornar imortal.

Mas se você praticar Yoga, e controlar a respiração, então o seu corpo vai sobreviver durante quatro *yugas* (Eras).

Enquanto a terra e o céu existirem, seu corpo nunca perecerá".

Dharam Das disse:

Explique-me o Conhecimento.

Eu tenho recebido todos os segredos; Agora diga-me sobre Brahma.

Depois de ser amaldiçoado por Adhya, o que Brahma fez?

Kabir disse:

Quando ambos, Vishnu e Mahesh (Shiva), obtiveram as bênçãos, ficaram felizes e excitados.

Em suas mentes eles ficaram deliciados; considerando que Brahma havia sido humilhado.

Dharam Das, eu sei tudo. Direi a você, em detalhes.

Sendo amaldiçoado, Brahma desesperadamente vai até Vishnu e lhe fala sobre sua dor; Vishnu o consola.

Brahma ficou muito triste em sua mente e foi ter com Vishnu.

Chegando lá, ele pediu a Vishnu, dizendo: "Você é meu irmão e o supremo entre os Deuses.

A Mãe foi misericordiosa com você, considerando que, por causa da maldição, eu sofro.

Ó Irmão, eu estou sofrendo devido às minhas próprias ações. Como posso culpar a Mãe?

Ó Irmão, agora faça algo para que a minha raça possa continuar, seguindo as palavras da Mãe".

Vishnu disse: "Dissipe o medo de sua mente; vou atendê-lo.

Você é o meu irmão mais velho, e eu sou seu irmão mais novo. Então removamos todas as dúvidas e preocupações.

Qualquer um que seja meu devoto servirá também à sua família.

HINO

Eu garantirei esta fé no mundo: a de que, se você desejar as virtudes e os frutos da devoção,

O ritual da expiação (*yajna*) feito sem um brâmane não será aceito.

Aqueles que adoram o brâmane estarão fazendo ações virtuosas,

E só eles serão queridos por mim. Apenas a eles darei um lugar para que habitem em minha morada".

Kabir disse a Dharam Das:

Brahma ficou satisfeito quando Vishnu disse estas palavras:

"Ó Irmão, você eliminou a dor de minha mente. Agora estou feliz", disse.

A manipulação de Kal

Dharam Das, olhe para tudo o que foi feito por Kal. Ele tem enganado o mundo todo com isso.

Ele faz com que as almas esqueçam, fazendo-as esperançosas, e colocando-as em problemas, nascimento após nascimento.

Bali, Harishchandra, Van, Verachan, o filho de Kunti e muitos outros

Eram reis virtuosos que renunciaram. Que lugar foi dado a eles?

Todo o mundo, que está sob o controle de Kal, sabe o que aconteceu a eles.

Todos sabem que eles não podem ser purificados, pois Kal controla seus intelectos com o seu poder.

Vivendo nas ondas da mente, as almas se esqueceram; e agora elas não sabem como voltar para o seu próprio lar.

Dharam Das disse:

Ouça, meu Senhor: me conte a história do que aconteceu em seguida.

Com a sua graça agora sou capaz de reconhecer o engodo de Yama (Kal).

Agora eu definitivamente coloco minha mente aos Seus Pés.

Dando-me o néctar na forma da Palavra (*Shabda*), o senhor me salvou de afogar-me neste Oceano do mundo.

Agora conte-me o resto da história, e me explique como suas maldições chegaram ao fim.

A maldição de Gayatri a Adhya

Kabir disse a Dharam Das:

Dharam Das, direi isso a você, a Palavra do Conhecimento Inconcebível

Quando Gayatri recebeu a maldição dada por sua mãe, ela própria amaldiçoou sua mãe:

"Você será a mãe destes cinco, ao qual hei de ser mulher.

Você vai conceber uma criança sem a ajuda de um homem, e todo o mundo saberá disso", disse ela.

Assim, ambas sofreram as consequências da maldição. Na época determinada, ambas vieram em corpo humano.

CONSIDERAÇÕES ESPECIAIS SOBRE A CRIAÇÃO DO MUNDO

Depois de todos estes acontecimentos o mundo foi criado.

Desta vez, oitenta e quatro *lakhs* (840.000) de corpos e quatro tipos de criação foram formados.

HINO

Primeiro, a Mãe criou os seres nascidos de ovos, e Brahma criou os nascidos do ventre;

Vishnu criou os seres nascidos da umidade, e Mahesh (Shiva) comprometeu-se à criação dos nascidos das sementes.

Em seguida, a criação dos organismos foi iniciada. Eles sabem quem criou os organismos.

Desta forma, quatro tipos de criação foram espalhadas em todas as quatro direções.

Ó Dharam Das, agora você conhece a história da criação dos quatro tipos de vida. Guarde isso em sua mente.

4. Os quatro tipos de vida

Dharam Das perguntou, justapondo as mãos:

Ó Santo Mestre, por favor me diga o seguinte:

Conte-me sobre a existência dos quatro tipos diferentes da criação, e explique isso para mim.

Como são divididos os 8.400.000 organismos? Qual é a sua extensão?

Kabir disse:

Ouça, Dharam Das: Vou descrever os nascimentos para você.

Eu explicarei tudo a você, um a um; Eu nada esconderei de você.

Ouça-me com atenção, e não leve nenhuma dúvida à sua mente.

COMO OS 8.400.000 ORGANISMOS SÃO DISTRIBUÍDOS

A distribuição dos 8.400.000 nascimentos

Há 900.000 tipos de criaturas aquáticas; 1.400.000 de pássaros. Vou descrevê-los:

Os insetos são de 2.700.000 tipos; existem 3.000.000 de tipos de árvores e plantas.

Há 400.000 tipos de seres racionais (conscientes), dentre os quais o ser humano é o supremo.

Em outras espécies de vida a alma não pode conhecer a Deus; amarrada pelo karma, ela vem e vai.

Por que a vida humana é a melhor?

Dharam Das abaixou a cabeça aos seus pés e pediu ao Senhor que lhe explicasse:
Em todos os tipos de nascimentos as almas são semelhantes. Então por que elas não têm igualdade em conhecimento?

Diga-me porque há essa diferença, de modo que a dúvida em minha mente possa ir embora.

O Santo Mestre (Satguru) disse:
Ouça, Dharam Das, você é o meu ornamento; Vou explicar a você esta lacuna.

Em todos os quatro tipos de criação as almas são semelhantes; mas ouça

O que eu estou dizendo a você agora. Nos nascidos de sementes, há apenas um elemento.

Os nascidos da umidade contêm dois elementos, enquanto os nascidos de ovos contêm três elementos.

Os que são nascidos do ventre contém quatro elementos, e no corpo humano os cinco elementos estão presentes.

Pois no corpo humano uma alma possui o direito de entender o Conhecimento.

O corpo humano foi feito para a devoção a Deus.

Quais elementos estão presentes em quais tipos de criação?

Dharam Das disse a Kabir:
Ó Senhor, explique-me, quais os elementos que eles contêm.

Quais elementos estão nos nascidos de ovos e nos nascidos do útero, e quais estão nos nascidos da umidade e nos nascidos de sementes?

Descreva-os todos para mim. Derrame a graça sobre mim; não esconda nada de mim.

HINO

O Santo Mestre (Satguru) disse:

Ouça, Dharam Das, sobre os elementos contidos nos diferentes tipos de criação:

Vou dizer-lhe que o que eles contém.

Nos nascidos do ovo são três os elementos: água, ar e fogo.

Nos nascidos de semente é um só: o elemento água está presente.

Os nascidos da umidade têm dois elementos; o ar e o fogo.

Os nascidos do ventre contém quatro elementos: terra, fogo, água e ar.

Dentre os nascidos do ventre, o corpo humano é supremo, pois contém cinco elementos.

Kabir diz isto em verdade, Dharam Das: você pode comprová-lo.

O corpo do homem foi criado a partir do nascido do ventre, mas nele os cinco elementos foram desenvolvidos:

É por isso que ele tem mais conhecimento, e vai para Sat Lok (o Paraíso) depois de obter o Nome (*Naam*).

Por que nem todos os seres humanos têm igual quantidade de intelecto?

Dharam Das disse:

Ouça, Ó apaziguador dos reclusos, por favor esclareça a minha única ilusão:

Todos os homens e mulheres têm elementos semelhantes, mas não têm intelectos semelhantes.

Alguns têm compaixão, castidade, contentamento e perdão neles, enquanto outros são desprovidos dessas qualidades.

Alguns são criminosos, alguns são frios de coração, e outros são tão cruéis quanto Kal.

Alguns matam e comem os outros, enquanto há os que são muito gentis.

Alguns tornam-se felizes por ouvir o conhecimento de Deus, mas outros gostam de cantar os louvores de Kal.

Meu Senhor, me explique por que existem diferentes qualidades em diferentes seres humanos.

Kabir disse a Dharam Das:

Dharam Das, escute-me com atenção; Vou lhe dizer as qualidades do homem e da mulher.

Eu farei com que você entenda os motivos de o homem se tornar inteligente ou tolo.

As almas que vêm para o interior do corpo humano a partir do corpo do leão, cobra, cão, chacal, corvo, abutre, porco, gato, e dos organismos que se alimentam de coisas não comestíveis.

Entenda-os como pessoas com más qualidades.

A natureza do seu passado não os abandonam por causa de seus karmas; apenas uma grande virtude pode libertá-los.

É por isso que eles se manifestam como seres humanos, ainda que eles se comportem como animais.

A alma vem de qualquer organismo, e tem a sua natureza de acordo com ele:

Eles vêm como pecadores, os violentos e os assassinos, e os que adoram veneno.

Seja qual for a sua qualidade, elas não podem ser alteradas.

O caminho para remover o efeito da vida passada no organismo

Quando alguém se encontra com o Santo Mestre e Ele lhe dá Conhecimento, este se esquece de sua bestialidade;

Irmão, quando a lixa do Nome (*Naam*) é aplicada, só então a ferrugem da alma é removida.

Quando o lavador lava a roupa, ele usa sabão:

As roupas que têm pouca sujeira precisam de pouco trabalho para que possam ser removidas.

A natureza do homem é como as roupas e a sujeira.

Algumas almas obtém o Conhecimento com apenas um pouco de explicação e de trabalho.

Dharam Das diz:

Esta foi a descrição de alguns organismos. Mas agora, por favor, diga-me sobre cada tipo de criação.

Quando as almas vêm para o corpo humano a partir de todos os quatro diferentes tipos de criação,

Quais as qualidades que elas têm? Diga-me, explicando-as uma por uma.

Ó, meu Senhor, deixe sua graça em mim para que eu possa aprender isso e obter alguma consciência.

RECONHECIMENTO DAS ALMAS CONFORME OS QUATRO TIPOS DA CRIAÇÃO

Kabir disse:
Dharam Das, preste atenção em mim. Vou explicar os atributos dos quatro tipos de criação.

Depois de vagar por todos os quatro tipos, a alma vem para o corpo humano.

Conforme os atributos de qualquer organismo que a alma deixou antes de se tornar um humano, assim o homem adquire conhecimento.

Agora vou lhe dizer as boas e más qualidades das almas, conforme os seus organismos anteriores.

Reconhecimento dos seres humanos vindos das criaturas nascidas do ovo

O primeiro de tudo o que eu vou lhe dizer é sobre os nascidos de ovos. (Um por um, vou explicá-los).

Eles têm muita preguiça, sono, luxúria, ira, e a pobreza em si mesmos.

Gostam de roubar; são muito ativos; e dentro deles há um forte desejo de Maya (Ilusão).

Eles gostam de caluniar e criticar, e eles próprios colocam suas casas em chamas.

Às vezes eles choram, às vezes eles riem, às vezes eles cantam.

Eles gostam de servir os espíritos.

Quando eles veem outros que dão ofertas à caridade, tornam-se ciumentos e pensam mal deles.

Eles debatem com os outros, e não permitem qualquer conhecimento de Deus em suas mentes.

Eles não aceitam qualquer Mestre (*Guru*) ou Mestre santo (*Satguru*), e jogam fora os Vedas e os Shastras.

Eles consideram os outros como seres inferiores, e se consideram superiores.

Eles não entendem os outros como iguais a eles.

Eles usam roupas sujas e não tomam banho. Seus olhos ficam cheios de sujeira, e também suas bocas, e a saliva flui para baixo.

Eles gostam de jogar e nunca estão conscientes da glória dos pés do Guru.

Suas cabeças são curvadas, suas pernas são longas, e elas sempre ficam dormentes.

HINO

Estes são os sinais do homem que eu lhe disse. Reflita sobre isso com inteligência, Ó Dharam Das.

Eu lhe disse sobre o tipo de criação nascida do ovo – Eu tornei esse segredo disponível a você.

Descrevi os sinais das almas que vêm em forma humana a partir do *Andaj* (o nascido do ovo). Não escondi nada de você.

Eu estou dizendo a você como as almas estão vagando. Eu removerei todas as suas ilusões.

Reconhecimento das almas que vêm dos nascidos da umidade para a forma humana

Agora vou lhe falar sobre outro tipo de criação, dos quais as qualidades eu já mencionei a você –

As almas que entram nos corpos humanos vindas das criaturas nascidas da umidade.

Kabir disse: Ouça, Dharam Das, vou dizer-lhe o segredo dos *Ushmaj* (os nascidos da umidade).

Eles caçam e matam as almas; eles as cozinham de maneiras diferentes, e as comem.

Eles criticam o Nome (*Naam*) e o conhecimento de Deus; Eles também criticam o ritual do *chauka* e o coco.

Eles conhecem muitas maneiras de falar e gostam de explicar as coisas para os outros.

Em uma reunião de pessoas – eles mentem; eles usam turbantes tortos, deixando uma das extremidades pendurada (desleixados).

Eles não levam a compaixão e a justiça com eles, e eles riem daqueles que ajudam os outros.

Eles colocaram o pó do *tilak* e o sândalo na testa, e, vestindo-se com roupas brilhantes, eles vagueiam pelo mercado.

Eles têm pecados em seus corações e fingem ser compassivos. Tais almas definitivamente vão de encontro a Yama (o Maligno, o próprio Kal).

Eles têm dentes longos e um corpo terrível. Seus olhos são amarelos e profundos.

HINO

Kabir disse:

Ouça, Dharam Das, agora você sabe sobre isso.

Sem o Santo Mestre (*Satguru*) ninguém poderia ter esse conhecimento.

Eu lhe expliquei claramente.

Foi bom você ter me encontrado – Eu não esconderei nada de você.

Tudo o que você perguntar a mim, eu lhe direi todos os segredos.

Reconhecimento das almas que vêm dos nascidos das sementes para a forma humana

O terceiro tipo de criação é chamado de "Imóveis".

Vou lhe dizer sobre os atributos das almas que vêm para o corpo humano a partir deles.

Vou lhe dar a mensagem sobre este tipo de criação. A alma toma um corpo conforme a sua roupagem anterior.

Estas almas têm intelecto momentâneo; elas não levam muito tempo para mudar suas mentes.

Elas usam longas camisas, cintos, e turbantes, e gostam de servir na corte imperial.

Elas montam em cavalos e mantém três espadas amarradas à cintura.

Elas piscam e flertam com as esposas de outros homens – se expressam através de piscadelas.

Elas falam de forma muito doce e têm a luxúria em seu interior.

Elas espiam nas casas dos outros e, quando são pegas, são apresentadas diante do rei;

Mas, mesmo quando as pessoas riem delas, mesmo assim não se sentem envergonhadas.

Elas iniciam a adoração em um momento, e no seguinte começam a servir.

Elas se esquecem de Deus em um momento e no seguinte começam a adorá-lo.

Elas leem livros profundos em um momento, e no seguinte começam a dançar por aí.

Elas são corajosas em um momento, e no seguinte são covardes.

Elas são honestas em um momento, e no seguinte multiplicam as acusações contra os outros.

Em um momento elas agem de forma religiosa; e no seguinte produzem maus karmas.

Enquanto comem, elas se coçam e estão sempre esfregando suas coxas e mãos.

Depois de comer elas dormem; se alguém as acorda elas correm para bater em quem o fez.

Seus olhos permanecem vermelhos. O que mais resta a mim dizer?

HINO

Dharam Das, a alma proveniente da criação imóvel possui uma mente instantânea.

Eu estou dizendo a você esta verdade: ela se desfaz em um instante de tudo o que conseguiu.

Quando uma tal alma é satisfeita pelo Santo Mestre (*Satguru*), ela remove o efeito de seu corpo anterior:

Quando ela se rende aos pés do Mestre (*Guru*), Ele a envia para Sat Lok (o Paraíso).

Reconhecimento das almas que vêm dos nascidos do ventre para a forma humana

HINO

Ouça Dharam Das, enquanto eu lhe digo sobre os atributos e os sinais dos nascidos do ventre:

Vou dizer-lhe agora sobre o quarto tipo de criação.

Os sinais de uma alma proveniente do *Pindaj* (os nascidos do ventre) são os seguintes:

Ele vive como um renunciante e se mantém em silêncio. Ele age de forma religiosa somente depois de assimilar os livros religiosos.

Ele vai em peregrinação e executa a Yoga e o Samadhi. Ele une sua mente aos pés do Guru.

Ele fala sobre os Vedas e os Livros Sagrados (*Puranas*), e se senta entre um grupo de pessoas, e ele fala sobre coisas boas.

Ele é capaz de se tornar um rei, e aprecia a mulher, mas nunca traz nenhuma dúvida em sua mente.

Ele gosta da riqueza e da felicidade do dinheiro, e dorme em uma cama confortável.

Ele gosta muito da boa comida, e muitas vezes come cravo e noz de betel.

Ele gasta muito do seu dinheiro em caridade e, assim purifica seu coração.

Seus olhos são brilhantes e seu corpo é forte, e ele é corajoso.

Ele tem os céus em suas mãos, e ele sempre se curva para os ídolos.

HINO

Ó Dharam Das, ele é muito humilde, então eu conheço aquela alma.

Dia e noite, ela se mantém aos pés do Santo Mestre (*Satguru*), e com determinação ela segue o caminho da Palavra (*Shabda*).

Ó, Dharam Das, eu disse a verdade uma por uma a você.

Eu falei sobre as características de todos os tipos de criação. Agora ouça sobre as coisas que vem a seguir.

Reconhecimento das almas que vêm dos nascidos dos seres humanos para a forma humana

HINO

Se, quando as almas habitaram o corpo humano, elas retornam novamente para a forma humana –

Escute atentamente, Dharam Das, sobre o reconhecimento deste tipo de alma.

Dharam Das disse:

Ó, meu senhor, uma dúvida penetrou em minha mente: por favor, faça-me entender.

As almas adquirem o corpo humano apenas depois de vagarem o ciclo dos 8.400.000 nascimentos.

Você havia me dito isto anteriormente. Por que esta nova afirmação?

Diga-me este segredo, Ó meu Mestre –

Dizendo isto, Dharam Das agarrou-se aos pés do Mestre -
Diga-me sobre os sinais do homem que vem do corpo humano, e explique-me como isto é possível.

Kabir disse:
Dharam Das, você entenderá isso muito bem, pois eu agora eu direi este segredo.

Quando a morte chega antes do tempo

Um homem que morre antes de sua hora retorna novamente no corpo de ser humano.

Tais tolos que não acreditam nisso podem compreendê-lo pela (observação da) queima do pavio de uma lâmpada.

Quando uma lâmpada está cheia de óleo, se um sopro de vento vem, ela (a chama) se vai –

Mas novamente ela é acesa com o fogo. Da mesma forma, a alma retorna ao corpo humano de novo.

Ouça, homem sábio: Vou dizer-lhe os atributos de tal indivíduo. Eu não esconderei qualquer conhecimento de você.

Tal homem é corajoso entre os homens – o medo nunca chega perto dele.

Ele não se apega a Maya (ilusão) e aos apegos; e ao olhar para ele, seus inimigos começam a tremer de medo.

Ele acredita na Verdadeira Palavra Sagrada, e nunca sabe o que é a crítica.

Ele sempre mantém o seu amor para com o Santo Mestre e fala amorosamente e com humildade.

Ele procura pelo conhecimento, fingindo ser ignorante, mas ele faz as pessoas saberem sobre o Verdadeiro Nome (*Naam*).

O homem que tem todas essas qualidades, Dharam Das, saiba que ele é um dos que vem a partir do corpo humano.

HINO

Aquele que recebe a Palavra torna-se livre da sujeira resultante do nascimento após nascimento.

A alma que fica com o Nome (*Naam*) e com a Memorização dos Nomes de Deus (*Simran*) vai para Sat Lok.

A alma que aceita a Palavra (*Shabda*) do Mestre com firmeza torna-se tão valiosa quanto o néctar.

Ela voltará para sua casa com a força do *Sat Naam* (Nome Sagrado), e sua alma canta em paz e felicidade.

Kal não pode deter a alma que tem a glória da Palavra com ela.

Mesmo Kal se inclina para a alma que tem o selo da Palavra nela.

"Por que o fluxo dos oitenta e quatro lakhs (8.400.000 nascimentos) foi feito?"

Dharam Das disse:

Foi-me dito o segredo dos quatro tipos de criação; agora, por favor, me diga qualquer outra coisa que eu pedir a você!

Por que o fluxo dos oitenta e quatro *lakhs* de nascimentos se desenvolveu?

Teria isto sido feito para o homem ou para as outras almas a fim de pagarem seus débitos?

Ó, meu Mestre, diga-me o motivo. Dê sua bênção a mim; não me negue.

O Santo Mestre (Satguru) disse:

Dharam Das, o corpo humano é a própria felicidade e doação. Apenas no corpo humano o conhecimento do Mestre pode ser compreendido.

Não importa onde um homem vai depois de receber o corpo humano, sem a devoção ao Santo Mestre ele sempre sofrerá.

Estas oitenta e quatro (*lakhs*) foram criadas para o homem, uma vez que estes tipos de tolos não aceitam a Palavra (*Shabda*).

Elas não abandonam os hábitos dos oitenta e quatro, e desviam sua adoração ao verdadeiro Nome (*Naam*).

Mais uma vez ela vai para o ciclo dos 8.400.000 anos, em que não pode encontrar qualquer conhecimento de Deus.

Ela corre continuamente para a boca de Kal, mas, mesmo assim, ela não desperta.

Isso é explicado a ela de muitas maneiras, mas, ainda assim, ela atrai os problemas.

Se ela toma a Palavra enquanto está no corpo humano, então, com a glória da Palavra, ela pode voltar à sua casa eterna.

HINO

Compreendendo o Amor, elevando-se acima do corpo, a alma que se torna firme no Poder Original,

Obtém o Recebimento da Dádiva. E, pela graça do Mestre, ela vem ao Caminho.

Deixando os hábitos do corvo ela aceita o caminho do Hansa (Cisne) e separa o leite da água.

Com a visão do seu conhecimento ela vê o invisível. Tal alma reconhece o Mestre perfeito.

O Sem Palavras é tudo, Aquele que é mostrado pelo Verbo feito carne.

Dharam Das, pense nisso: o Sem Palavras não possui elementos.

Dharam Das disse:

Abençoado foi o dia para mim, Ó meu Senhor, quando eu obtive o Seu *darshan* (vislumbre).

Tem misericórdia deste servo. Considere-me como seu escravo, dê-me esta bênção: que de dia e de noite eu possa permanecer absorto em Seus Pés; que nem mesmo por um momento minha mente possa vacilar.

A poeira de seus belos Pés de Lótus purifica muitos pecadores.

Ó, Oceano de Graça, Misericordioso Senhor, dê sua graça a mim, Ó Todo Consciente.

Ó, meu Senhor, eu me sacrifico diante de ti: fale-me mais sobre esta história claramente.

O que foi feito depois de criar os quatro tipos de vida? Conte-me todos os segredos.

5. Kal aprisiona as almas

KAL CRIA UMA ARMADILHA

Kabir disse:
Ouça, Dharam Das, este é um tal jogo de Kal, que nem mesmo os especialistas e os *Kazis* (juízes) podem compreendê-lo.

Eles tratam Kal como o Senhor, e, abandonando o néctar, eles bebem o veneno.

Esses quatro juntos fizeram esta criação e coloriram as almas em suas cores temporárias.

A alma, que tem cinco elementos e três *gunas* (características) sabe que com ela estão os catorze *yamas* (deuses da morte).

Desta forma os corpos humanos foram criados, e então assassinados; e, depois de comê-los, novamente foram trazidos à existência.

Onkar (o criador do Universo) é a raiz dos Vedas. Por causa de Onkar todo o mundo está perdido.

Onkar é Niranjan, entenda isso. Sat Purush e o Nome (*Naam*) estão ocultos.

Brahma deu à luz a oitenta e oito mil (almas), que se desenvolveram sob a proteção de Kal.

Os corpos que foram criados por Brahma – seus desenvolvimentos também ocorreram.

E eles fizeram as *Smritis* (escrituras religiosas), os *Shastras* (Ciências) e os *Puranas* (Livros Sagrados), pelo qual todas as almas foram presas.

Brahma enganou as almas e as tornou firmes na devoção de Alakh Niranjan (Kal).

Seguindo os ensinamentos dos Vedas todas as almas foram iludidas, e ninguém sabia o segredo de Sat Purush.

Ó Dharam Das, entenda como Nirankar (Kal) produziu este drama.

HINO

Em primeiro lugar, tornando-se demônios, deuses, *rishis* (poetas inspirados) e *munis* (santos).

Em seguida, ele encarna como o Protetor e destrói os demônios.

Desta forma, ele mostra muitos dramas às almas –

Ao ver que as almas confiam nele: "Ele é o nosso Senhor e Protetor".

Ele mostra às almas o seu desempenho como Protetor e, por fim, ele as devora.

Quando as almas se encontram na boca de Kal, então elas se arrependem.

Então Brahma fez os sessenta e oito lugares de peregrinação, o *karma*, os pecados e as virtudes.

Os doze signos do Zodíaco, os vinte e sete planetas, os sete dias, os quinze dias lunares foram então feitos.

Em seguida, foram criados as quatro *yugas* (eras), e o minuto, o segundo, e o tempo da respiração foi estimado.

O mês de *Kartik* (lua nova de novembro) e *Magh* (janeiro/fevereiro) foram considerados auspiciosos. Poucos podem entender este jogo de Kal!

Importância foi dada às peregrinações e santuários, e assim as almas não abandonam a ilusão nem reconhecem seu próprio Eu.

Todas foram presas pelas boas e más ações. Desta forma, todas as almas foram enredadas.

As almas não podem ser salvas sem a verdadeira Palavra (*Shabda*), e sem a Palavra essencial, as almas vão para a boca de Kal.

Tendo medo as pessoas ganham méritos, mas pelos seus frutos as suas necessidades não são consideradas.

Enquanto a corda de Sat Purush não for percebida, a alma vagueará em diferentes corpos.

Kal ilude as almas de muitas maneiras, e assim a alma não descobre o segredo de Sat Purush.

As almas estão envolvidas na ganância por lucros, e por causa de seus desejos elas são devoradas por Kal.

Ninguém conhece o drama de Kal! Dando-lhes esperança, Kal faz as almas dançarem.

Primeiro ouvem a tradição da *Sat Yuga* (a Idade de Ouro), ao qual Kal leva para lá as almas e as devora.

Diariamente ele come um *lakh* de almas (cem mil). Kal é um açougueiro muito poderoso e cruel.

Lá ele tem uma pedra aquecida, que permanece quente dia e noite, onde ele coloca as almas.

Queimando as almas ele as expõem à dor. Em seguida, ele as lança em no ciclo das oitenta e quatro (8.400.000 formas de vida).

Ele as faz vaguear pelos diferentes organismos, e desta forma lhe dá problemas.

Em muitos aspectos, as almas gritam que Kal lhes causou muita dor.

As almas chamam após sentirem dor na rocha aquecida; sob as ordens de Sat Purush, Kabir as alivia

"Ó Mestre, por favor me ajude! A dor infligida por Kal é insuportável!"

HINO

Quando Sat Purush viu as almas em condições tão lamentáveis, Ele sentiu misericórdia delas.

Em seguida, fui chamado pelo generoso Senhor Misericordioso.

Ele me explicou muitas coisas, e me ordenou para ir despertar as almas.

Ele me disse para extinguir o fogo das almas: Ele disse que quem me ver se refrescará.

Eu obedeci suas ordens e guardei suas palavras em minha cabeça.

Eu comecei partindo de lá naquele momento, curvando a cabeça para Sat Purush.

Eu fui para onde Yama (Kal) estava assediando as almas; onde Kal Niranjan estava fazendo as almas dançarem.

Fiquei ali onde as almas estavam sendo queimadas.

Vendo-me elas chamaram, "Ó Senhor, por favor nos resgate".

Então eu clamei em voz alta a Palavra Sagrada (*Sat Shabda*), e conectei as almas com a Palavra Sagrada de Sat Purush.

A oração das almas

Então todas as almas oraram: "Bendito és tu, Ó Senhor, que nos tirou do fogo.

Ó Senhor, por favor, nos salve de Yama (Kal). Derrame graças, Ó Senhor Todo Consciente".

Então eu expliquei para as almas que, se eu usasse a força, a Palavra de Sat Purush não poderia ser mantida.

"Quando você for ao mundo e assumir um corpo, ame a Palavra (*Shabda*).

Reconheça o Nome (*Naam*) e a Memorização do nome de Sat Purush, e aceite a Verdade.

Se, quando você vier ao corpo, você for absorvido na Palavra Sagrada (*Sat Shabda*), só então a sua alma irá para Sat Lok (o Paraíso)".

Onde há o apego – lá você viverá

"Tudo o que você desejar você se lembrará em pensamentos, palavras e ações – conforme os seus apegos – e lá você habitará.

Encarnado, tudo o que você desejar o conduzirá, no final, a lá viver.

No mundo, depois de tomar o corpo, se você se esquecer de Sat Purush, Kal o devorará".

As almas disseram: "Ouça, Ancião, quando formos encarnados nós nos esqueceremos deste conhecimento.

Nós nos lembraremos de Yam Rai (outro dos vários nomes de Kal), e pensaremos que ele é Sat Purush, como os Vedas e todos os Livros Sagrados dizem: Ame o Sem Forma.

Demônios, homens, santos, e os trinta e três milhões de deuses, estão todos amarrados com a corda de (Kal) Niranjan.

Conforme os seus ensinamentos nós acreditávamos em tudo isso, mas agora entendemos
o laço de Yama (Kal)".

Kabir disse às almas:
Ó almas, ouçam: Este é o engano da mente. Por causa da mente, a armadilha de Kal tornou-se mais forte.

HINO
Usando sua habilidade, Kal criou muitos prazeres para as almas.

Peregrinações, jejuns, *Japa* (repetição de mantras), Yoga: todos são armadilhas de Kal. Ninguém sabe o caminho para escapar delas.

Kal, ele mesmo, leva os corpos, e ele mesmo elogia sua própria existência.

Ele praticou muitas qualidades e atos, e capturou as almas em sua armadilha.

Kal é terrível, e as almas estão sob seu controle.

Nascimento após o nascimento elas são punidas por ele, sem

reconhecer a verdadeira Palavra.

Kabir disse a Dharam Das:
Após despertar as almas e dar-lhes um pouco de alegria, eu fui ter com Sat Purush.

Fazendo-as felizes, eu disse às almas para entenderem esse conhecimento:

"Quando vocês encarnarem e vierem ao mundo, então eu lhes direi o segredo da Palavra (*Shabda*).

Quando vocês pegarem a corda da Palavra, então eu as farei livres de Yama (Kal)".

Depois de ensinar as almas eu fui para Sat Purush e lhe expliquei seus sofrimentos delas.

O misericordioso Sat Purush, que é o generoso Senhor, que é sem desejos, e ao qual em seus pés está a nossa segurança,

Me disse as muitas maneiras de trazer as almas de volta depois de fazê-las se lembrarem do Nome Sagrado.

Dhararn Das então pediu:
Ó Gyani (o Conhecedor, o próprio Kabir), explique-me e não esconda de mim, o que é a Palavra (*Shabda*) ao qual foi dita por Sat Purush.

Diga-me, Ó Senhor, qual Nome Sagrado salva as almas?

O Santo Mestre (Satguru) disse:
Eu estou dizendo a você agora o que Sat Purush ordenou:

De muitas maneiras Ele me explicou e me disse para trazer as almas de volta, fazendo-as se lembrarem do Nome Sagrado.

O Senhor me deu Aquilo que é Latente – Entenda isso: a Palavra incorpórea (não produzida pela boca) é a Doadora da Liberdade.

Ele me deu a Autoridade e o sinal para conectar as almas à Ele.

Sem a língua tal som é feito; mas apenas com a ajuda de um Mestre perfeito se pode obtê-lo.

Cinco Néctares são a raiz da libertação – pelos quais a entrada nos úteros físicos chega ao fim.

A alma que obtém a Palavra desta forma, Ele me disse para libertar uma geração a mais (do que a atual) das almas que recebem tal Palavra.

Tais almas irão para Sat Lok (o Paraíso) pela corda da Palavra, e até mesmo Dharam Rai (Kal) terá medo de vê-las.

Sat Purush me disse: "Quando você faz dessas almas suas discípulas, você as torna livres de Yama (o próprio Kal, deus dos mundos inferiores);

Da mesma forma que eu tenho dado este conhecimento a ti, você os dará aos seus discípulos".

A grandeza do Mestre (*Guru*)

A pessoa deve sempre manter a Palavra Sagrada do Mestre do Caminho (*Gurumukh*) em seu coração.

Dia e noite, ele deve beber o néctar do Nome (*Naam*).

Tal como a mulher tem amor pelo marido, da mesma forma o discípulo deve amar a forma do Mestre (*Guru*).

Momento após momento ele deve contemplar a beleza da face do Mestre.

O discípulo deve ser como o pássaro da lua e o Mestre como a lua pacificadora.

Assim como a esposa leal é fiel, e nem mesmo em seus sonhos ela pensa em outro homem;

E dessa forma ela glorifica tanto as famílias dela quanto a de seu marido; da mesma forma o discípulo deve seguir o Caminho dos Santos (*Sant Mat*).

Como a esposa leal se lembra do marido, da mesma forma o discípulo deve obedecer às ordens do Mestre.

Não há ninguém superior ao Mestre: Dharam Das, entenda isso!

Não há ninguém maior do que o Mestre. Abandonando a ilusão, adore o Santo Mestre.

Mesmo aqueles que servem às peregrinações, templos e deuses com todo o seu coração, sacrificando suas cabeças,

Estes não falam palavras benéficas. O mundo inteiro está esquecido na ilusão.

HINO

Ó Dharam Das, a devoção ao Mestre (*Gurubhakti*) é imutável e grande. Não há nada tão bom quanto o amor ao Mestre.

Comparado a ele, a recitação de mantras (*japas*), yogas, meditações profundas (*tapas*), jejuns, oferendas e cultos rituais são como a palha.

Apenas o santo a quem o Santo Mestre (*Satguru*) for misericordioso aceitará isso em seu coração.

Ó santo, você verá o esplendor da Lâmpada do Conhecimento do Mestre:

Se o Santo Mestre derramar a graça, você terá a libertação e a segurança.

A história de Sukhdev Ji

Sukhdev era um arrogante asceta celestial (*yogishwar*), ninguém jamais foi como ele.

Ele foi para Vishnu Lok (a região de Vishnu) pelo poder de suas austeridades, mas sem o Mestre, ele não podia permanecer lá.

Vishnu lhe perguntou: "Como você chegou aqui, ó Rishi? Sem o Mestre a glória das austeridades não pode ser considerada.

Eu não gosto da pessoa sem um Mestre: tal pessoa encarna de novo e de novo, e sofre novamente.

Volte e consiga um Mestre sábio e perfeito. Só então você poderá conseguir este lugar".

Ouvindo este Santo Deus da Felicidade (Sukhdev Muni) ele retornou; sem um mestre ele não poderia permanecer lá.

Ele tomou o Originador (*Janak*) sem corpo como seu Mestre, e ficou tão feliz quanto a ave da chuva quando chove.

Narad era filho de Brahma e era um erudito, todo mundo conhece a sua história:

Muitos outros deuses, homens sábios, ascetas – aqueles que entraram no refúgio de um Mestre – cruzaram o Oceano da Vida.

Se alguém consegue um Mestre perfeito, Ele lhe mostra o Caminho Real e o faz ver a verdade e a mentira.

Só Ele é o Mestre Perfeito Que mostra a Verdade. Os outros Mestres são sem utilidade.

Ele dá a mensagem de Sat Purush (o Deus Supremo) e remove os sofrimentos do nascimento após nascimento.

Aquele que não se deixa levar pela esperança do pecado e da virtude; Aquele que reside na sombra da árvore indestrutível;

Aquele que tem a qualidade do *Bhringi* (inseto que mata e ressuscita outro inseto, dotando-o de suas qualidades) – ouça, Dharam Das – Este é o verdadeiro mestre!

HINO

Ele mostra o Vazio Inicial – aceite-o como o Verdadeiro Mestre.

Tome suas palavras como verdadeiras, aquele que vai para o Quatro depois de entregar o
Três.

Este corpo é controlado pelo cinco e pelo três. A Palavra (*Shabda*) sem o corpo é diferente disso.

Ele é visto sem matéria no corpo – eu vos digo, esta é a essência do Ensinamento do Mestre.

DUETO

Pela meditação aquele que se absorve no imaterial – que é o único propósito de se tomar o corpo –

Nunca vem e nunca vai, ele se torna imaterial, embora em um corpo.

Se alguém toma tal Mestre, ele nunca precisará tomar um corpo neste mundo novamente:

Aquele a quem o Santo Mestre é misericordioso, este nunca vem e nunca vai.

III. A vinda de Kabir

1. Antes das encarnações

Dharam Das disse:

Ó Senhor, tu satisfizeste a mim, o muito afortunado, aquele que recebeu o Seu *darshan* (vislumbre):

Eu não posso descrever a sua grandeza; Eu era um inconsciente ao qual Você despertou.

Eu gosto de Suas palavras – cheias de néctar. Ouvindo-as, os apegos e o ego fogem para longe.

Agora, por favor me conte a história: Como Você veio a este mundo pela primeira vez?

PELA ORDEM DE SAT PURUSH O SENHOR KABIR VEM PARA DESPERTAR AS ALMAS. NO CAMINHO, ELE ENCONTRA NIRANJAN.

Ó Dharam Das, agora que você me pediu, eu vou lhe contar a história de cada era.

Quando Sat Purush me ordenou que eu pisasse na terra para o bem das almas.

Depois de saudá-lo eu comecei a andar, e fui para a corte de Dharam Rai (Kal).

Foi a primeira vez que eu fui em direção às almas, e em minha cabeça eu tinha a glória de Sat Purush.

Por ordem de Sat Purush Eu fui para as almas, e naquela época meu nome era Achint.

Quando eu estava chegando encontrei-me com o injusto Dharam Rai (Kal), que lutou contra mim.

Vendo-me, ele se aproximou. Com raiva e excitação ele me perguntou:

"Yogjit, por que você veio aqui? Diga-me. Você veio para me matar? Diga-me as palavras de Sat Purush!"

Então eu lhe disse: "Ouça, Dharam Rai, eu estou indo para o mundo das almas".

Mais uma vez eu lhe disse: "Ouça, injusto, você é muito inteligente e tem enganado as almas.

Você fez as almas se esquecerem, e as tem continuamente assediado.

Você tem escondido o segredo do Sat Purush e manifestado a sua própria glória às almas.

Você queima as almas no vermelho quente da rocha e, depois de tê-las queimado, você as devora.

Você tem infligido muita dor às almas! Este é o motivo pelo qual Sat Purush me ordenou:

Despertando as almas, vou levá-las de volta para Sat Lok (o Paraíso) e salvá-las dos sofrimentos de Kal.

Então, eu estou indo para o mundo e enviarei as almas para Sat Lok depois de dar-lhes o passaporte".

Ao ouvir isso, Kal se tornou horrível e tentou me assustar.

Dharam Rai (Kal) disse:

"Eu O servi por setenta eras (*yugas*), de modo que Sat Purush me deu este reino e esta grandeza.

E quando eu realizei o meu serviço de devoção por sessenta e quatro eras, Sat Purush me deu as oito divisões da criação.

Você me bateu e me atirou para fora! Então, Yogjit, agora eu não vou deixá-las!"

Então eu disse: "Ouça, Dharam Rai, eu não tenho medo de você.

Eu tenho a luz e a força de Sat Purush em mim. Ó Kal, eu não tenho medo de você!"

Então eu fiz a Memorização do Nome de Deus (*Simran*) da Luz de Sat Purush e ataquei as Forças Negativas com a arma da Palavra Sagrada.

Em seguida eu olhei para sua fronte. Sua testa tinha se tornado negra.

Para mim, a condição de Kal era a de um pássaro, quando perde as asas.

Ele ficou com muita raiva, mas quando percebeu que não podia fazer nada, veio e caiu aos meus pés.

HINO

Niranjan disse: "Escute, Gyani, eu estou implorando a você:

Você é meu irmão e eu ainda me oponho a você – este foi o erro que cometi.

Eu o reconheço como sendo igual a Sat Purush, e eu não tenho nenhum outro sentimento por você:

Você é o grande Senhor Todo-Consciente. Agora estenda sobre mim o guarda-chuva do perdão!"

DUETO

Tal como Sat Purush me deu o Reino, Você também deve me dar um presente:

Você é o mais velho dos dezesseis filhos, e são iguais a Sat Purush".

Gyani (Kabir) disse: "Ouça, Rai Niranjan, você é uma mancha negra na família.

Eu levarei de volta as almas. Vou fazê-las firmes no Nome Sagrado e na Palavra.

Eu vim com as ordens de Sat Purush para libertar as almas do Oceano da Vida.

Desta vez, através do Som de Sat Purush, vou expulsá-lo em um instante!"

Dharam Rai (Kal) fez este pedido: "Eu sou teu servo – não me considere como outra pessoa.

Ó Gyani, este é meu único pedido: Não faça nada que me faça perder (as almas).

Tal como Sat Purush me deu o Reino, se você também me der algo o meu propósito poderá ser satisfeito.

Agora eu vou obedecer as suas palavras, Ó Gyani; você pode tirar as almas de mim.

Mas irmão, eu vou lhe dizer uma coisa; por favor, aceite-a como verdadeira:

As almas não vão obedecê-lo. Elas voltarão para mim, e considerarão suas palavras inúteis.

A armadilha em que estão enredadas é muito forte.

Eu criei os Vedas, as Ciências (*Shastras*), as coisas que devem ser memorizadas (*Simritis*) e muitos outros tipos de atributos, e a filha de Sat Purush é a líder dos três deuses.

Todos os três criaram as muitas armadilhas, e de suas bocas eles dão o meu conhecimento.

Eles fazem as almas adorarem deuses, templos e pedras, e mantém suas mentes envolvidas nas peregrinações, jejuns, meditações e recitações de mantras.

Todos realizam as adorações a Deus por meio de sacrifícios: Eu prendi as almas neste princípio.

Eu produzi as austeridades, sacrifícios, rituais diários, regras de conduta, e muitas outras armadilhas:

Então, Gyani, se você for ao mundo, as almas não o obedecerão".

Gyani disse: "Ouça, injusto, eu desatarei todas as armadilhas e libertarei as almas.

Por meio da Palavra Sagrada (*Sat Shabda*) destruirei todas as armadilhas que você criou.

A alma que captar a minha Palavra Sagrada se tornará livre de todas as suas armadilhas.

Quando a alma reconhecer minha Palavra Sagrada ela desistirá da ilusão criada por você, e subirá acima de sua criação.

Fazendo as almas entenderem o Nome Sagrado (*Sat Naam*) e as libertando,

Vou levá-las de volta para Sat Lok (o Paraíso).

HINO

Farei as almas se tornarem firmes na Palavra (*Shabda*) do Misericordioso Sat Purush, aquele que a tudo perdoa.

Tais almas serão incondicionadas (*Sahaj*): puras e plenas. Elas farão a devoção das almas,

E elas serão a morada das qualidades puras. Ao fazer a Memorização do Nome (*Simran*) de Sat Purush elas cantarão os louvores da Palavra Imutável.

Enviarei as almas para Sat Lok, mantendo o meu pé em sua cabeça.

DUETO

Divulgando o Néctar da Palavra eu despertarei as almas.

Ó Dharam Rai, ouça atentamente. Vou humilhar a sua arrogância.

Ao realizar a prática da devoção, elas receberão os passaportes, e eu as conectarei com o Nome de Sat Purush.

O Poder Negativo não poderá se aproximar de tal alma, e se curvará para elas quando ver sua união com Sat Purush".

Ouvindo isso Kal teve medo e, cruzando as mãos fez este pedido:

"Ó Senhor, Tu és o doador misericordioso; derrame sua graça sobre mim, meu irmão.

Sat Purush me amaldiçoou para que eu devorasse cem mil almas por dia.

Se todas as almas forem para Sat Lok, então como saciarei minha fome?

Novamente, Sat Purush derramou sua graça sobre mim e me deu o Reino deste mundo.

Você também deve derramar a graça sobre mim. Tudo o que eu pedir, conceda-me o benefício.

A Era do Ouro (*Sat Yuga*), a Era da Prata (*Treta Yuga*) e a Era do Bronze (*Dwapar Yuga*) – em todas estas três eras, apenas algumas poucas almas devem regressar.

Quando a Quarta Era – o *Kali Yuga* (a Era do Vício) – vier, então muitas almas poderão voltar com você.

Prometa isso a mim, e então você poderá ir ao mundo".

Gyani disse:

"Ó Kal, você criou o engano, você tem mantido as almas em sofrimento.

Eu entendo o seu pedido; Ó arrogante Kal, você me enganou;

Eu aceito o pedido que você fez a mim. Quando a Quarta Era, o *Kali Yuga* (Era do Vício) vier, enviarei a minha encarnação".

HINO

Primeiro, as oito almas da mesma essência da *Sukrit* (sabedoria) irão para o mundo.

Depois disso a nova alma irá para o lar de Dharam Das.

Pelo bem das almas, quarenta e duas encarnações de Sat Purush virão ao mundo:

Estabelecendo e ensinando o caminho na *Kali Yuga* (Era do Vício), Eles enviarão as almas de volta para Sat Lok.

DUETO

Eu sempre estarei com as almas a quem entregarei o passaporte do Santo Nome Sagrado,

E essas almas não irão para Yama! (Kal)".

Dharam Rai (Kal) disse:

"Ó Senhor, Você pode estabelecer o Caminho. Libertando as almas, você poderá levá-las de volta para Sat Lok.

Eu me curvarei para a alma ao qual eu ver o seu sinal.

Eu aceitei as ordens de Sat Purush e agora eu peço isto a você, Ó Gyani:

Kal diz ao Senhor Kabir sobre seus doze caminhos

Você estabelecerá um caminho e enviará as almas de volta para Sat Lok.

Vou criar doze caminhos e em Teu nome ensinarei as pessoas.

Vou enviar doze *Yamas* (deuses do inferno) ao mundo, que vão divulgar o caminho em

Seu nome.

Mritu Andha, meu mensageiro, será encarnado na casa de Sukrit.

Primeiramente meu mensageiro nascerá e, em seguida, a Sua encarnação.

Desta forma eu iludirei as almas em nome de Sat Purush.

As almas que percorrerem esses doze caminhos virão até a minha boca.

Eu faço apenas este pedido a Você. Derramando a graça e o perdão em mim, por favor, concede-me.

Kal pede ao Senhor Kabir a bênção de estabelecer Jagannath

Quando a primeira parte da Idade do Ferro (Era do Vício) vier eu assumirei o corpo de um Santo.

Então irei até o rei Indradaman, com o nome de Jagannath.

O rei construirá o meu templo, que será destruído repetidamente pela água do oceano.

Meu filho Vishnu, ao qual os sete oceanos serão vingados, irá para lá.

Assim, o templo não sobreviverá – as ondas do oceano irão afogá-lo.

Ó Gyani, faça o seguinte: primeiro vá para a costa do oceano.

Vendo você, o oceano não o cobrirá e retrocederá.

Desta forma eu serei estabelecido e, em seguida, você poderá enviar a Sua encarnação.

Então, você pode manter o Caminho no Oceano da Vida e poderá salvar as almas com o Nome de Sat Purush.

Qualquer alma que vier para a costa sem o sinal da união não encontrará a saída".

HINO

Gyani disse:

"Ó Dharam Rai (Kal), eu entendo muito bem o que você está me pedindo.

Manter os doze caminhos é dar veneno em vez de néctar.

Agora eu vou acabar com você e mostrar-lhe a minha arte:

Cortando os laços de Yama (o próprio Kal), fazei as almas livres e as enviarei para o Plano da Imortalidade".

DUETO

Eu pensei: o Nome de Sat Purush não pode falhar;

Aqueles que forem firmes na Palavra (*Shabda*) – Eu os farei chegar em sua Morada.

"Ó injusto, eu lhe darei a permissão para estabelecer os doze caminhos:

Primeiro o seu mensageiro nascerá e depois terá nascimento a Minha Encarnação.

Eu vou para a costa do oceano e verei o que Jagannath preparou.

Depois disso manterei o meu Caminho e enviarei as almas de volta para Sat Lok (o Paraíso)".

Dharam Rai (Kal) tenta enganar o Senhor Kabir e obter o segredo do Conhecimento

Dharam Rai disse:

"Ó Gyani, diga-me qual é o sinal da união para que eu possa reconhecer as almas que o mantiverem.

Eu não chegarei perto de quem me mostrar esse sinal.

Então me dê o sinal da Palavra, Ó Senhor. Derrame esta graça sobre mim".

Gyani disse:

"Se eu disser qual é este sinal, você vai infligirá meios de sofrimento para as almas.

Eu entendi o seu desapontamento, Kal: você não pode usar este artifício.

Dharam Rai, eu estou lhe dizendo claramente: Eu tenho mantido a glória da Palavra oculta em mim!

Vá; deixe aqueles que tomaram a minha Palavra.

Se tentar impedir tais almas, Ó Kal, você não sobreviverá!"

Dharam Rai disse: "Vá para o mundo e traga as almas de volta com a ajuda da Palavra.

Eu não vou chegar perto das almas que cantarem em seu louvor.

Colocando o pé em minha cabeça, aqueles que encontrarem refúgio em Você cruzarão o Oceano da Vida.

Eu era obstinado em sua direção. Considerando Você como meu pai, eu me comportei como uma criança:

Mesmo que a criança cometa dez milhões de erros, mesmo assim o pai não guarda seus erros em seu coração.

Se o pai expulsa o filho, então quem me protegerá?"

Dharam Rai (Kal) levantou-se e fez uma reverência, e Gyani veio a este mundo.

Kabir disse a Dharam Das:

Quando vi que Dharam Rai estava com medo eu deixei aquele lugar.

Kabir disse: Ó sábio Dharam Das, então eu vim a este mundo.

Kabir encontra Brahma

Eu encontrei o Sábio. Eu disse a ele sobre a Palavra (*Shabda*).

Ele ouviu com atenção e fez muitas perguntas sobre o reconhecimento de Sat Purush.

Então Niranjan pensou: "Meu filho mais velho Brahma está me abandonando!"

Niranjan (Kal) habita no interior de sua mente, então ele mudou o intelecto de Brahma.

Brahma disse:

"Deus é sem forma, sem qualquer qualidade, e não pode ser contido. Ele é em forma de luz e vive no vazio.

Os Vedas descrevem-no como o Sat Purush e eu aceito os Vedas".

Kabir vai até Vishnu

Quando eu vi Brahma acreditando firmemente em Kal, em seguida, a partir daí, eu fui até Vishnu.

Eu falei sobre os ensinamentos de Sat Purush a Vishnu, mas, sendo controlado por Kal, ele não pode receber a minha mensagem.

Vishnu disse: "Quem é como eu? Eu tenho as quatro substâncias comigo:

Kama (desejo sensual), *Moksha* (libertação espiritual), *Dharma* (leis) e *Artha* (sabedoria); Eu posso dá-los a qualquer um que eu gostar!"

Gyani disse:

"Ó Vishnu, ouça! Onde você tem a Moksha com você?

A Moksha está além do Akshar (o Imperecível).

Uma vez que você mesmo não é imperecível, como pode fazer os outros imperecíveis?

Por que você mente e canta elogios a si mesmo?"

Kabir disse a Dharam Das:

Ouvindo o meu discurso audaz, Vishnu ficou envergonhado e, em seu coração, ficou com medo de seu próprio ser.

Então eu fui para o mundo das cobras e disse isto a Shesh Nag:

"Ninguém sabe o segredo de Sat Purush, todo mundo se refugiou em Kal".

Então Shesh Nag disse: "Ó irmão, reconheça o salvador. Ele é o único que vai te salvá-lo de Yama (Kal).

Ao qual Brahma, Vishnu e Rudra se lembram, até mesmo os Vedas cantam seu louvor.

Que Purush é meu protetor. E apenas ele irá protegê-lo também".

Eu disse a ele: "Não há outro Protetor. Se você acredita em mim, eu posso fazer você encontrá-lo".

Mas por causa de seu veneno, Shesh Nag tinha uma natureza afiada.

Ele não tomou minhas palavras em seu coração.

Ouça, Ó bem-aventurado sábio Dharam Das: Então eu vim ao mundo.

Quando eu vim ao mundo mortal não vi nenhuma alma de Sat Purush.

Como todos estavam usando as vestes de Yama (Kal), a quem eu poderia ter dado os ensinamentos?

Eles acreditavam nele, que traz a ruína, e ninguém aceitou as palavras do Protetor.

Aquele que eles lembravam os estava devorando!

Então eu me lembrei da Palavra (*Shabda*).

Sendo controlado pelo apego, as almas não me reconheceram. Em meu coração este pensamento veio:

HINO
Eliminando a ilusão de Kal Eu devo mostrar o verdadeiro Kal para as pessoas.

Salvando as almas de Yama Eu devo enviá-las para o Plano da Imortalidade.

Por esta razão eu estou vagando neste mundo, mas ninguém Me reconhece.

Todas as almas ficaram sob o controle de Kal e, abandonando o néctar, estão tomando o veneno.

DUETO
Então eu pensei: esta não é a ordem de Sat Purush (o Eterno). Suas ordens são para que eu traga de volta apenas aqueles que reconhecem e mantém o Nome Sagrado com determinação.

Ó Dharam Das, o que aconteceu depois? É para você que estou descrevendo tudo isso.

Brahma, Vishnu, Shambu, Sanak, todos eles foram para o Vazio Samadhi. Então eles disseram a Niranjan,

"Ó Criador, que Nome devemos repetir e em qual Nome devemos meditar?"

Todos estão contemplando no plano vazio tal qual a concha da ostra contempla sob a gota de chuva.

Então Niranjan pensou na solução, e da Caverna do Vazio ele assim falou:

Muitas vezes o *Ra ra* foi pronunciado, e *ma*, que vem de "maya" (ilusão):

Ambas as palavras estavam unidas, e o nome Rama foi dado a eles conforme desejaram:

O mundo inteiro foi, assim, envolvido no nome de Rama, e ninguém entendeu a armadilha de Kal.

Desta forma o nome de Rama (avatar correspondente à encarnação de Vishnu) foi criado, Dharam Das: Compreenda isto.

Dharam Das disse:

Ó Perfeito Satguru, pelo sol do Seu conhecimento minha escuridão foi embora.

Maya (ilusão) e o apego são trevas densas, a partir do qual as almas não podem sair.

Desde que você manifestou o Conhecimento a mim, reconhecendo o Nome Sagrado, o meu apego se foi.

Eu sou um afortunado por tê-lo. Você me despertou do que é baixo.

Diga-me ainda: Quem você libertou na Sat Yuga (a Era do Ouro)?

2. Na era da Sat Yuga (Era do Ouro):

A Encarnação como Sat Sukrit

O Satguru disse:

Ó Dharam Das, ouça sobre a Sat Yuga. Vou dizer-lhe sobre as almas a quem dei a Palavra.

No Sat Yuga meu nome era Sat Sukrit, e pelas ordens de Sat Purush despertei as almas.

A HISTÓRIA DO REI DHONDHAL

Eu fui ao rei Dhondhal e o fiz ouvir a verdadeira Palavra (*Shabda*).

Ele aceitou o meu Santo Nome Sagrado, por isso fiz com que ele visse imediatamente.

HINO

Rei Dhondhal, um cavalheiro santo, agarrou o Nome Sagrado com determinação.

Ele tomou a Oferta (*Parshad*) que dá a paz e (também) a água, após tocar os meus pés.

Ele foi dominado pelo Amor – desistindo da ilusão, ele brilhou.

Ele reconheceu o Nome Sagrado Essencial e contemplou sobre os pés do Mestre.

A HISTÓRIA DE KHEMSARI

Depois de despertar Dhondhal no Nome Sagrado, eu apareci na cidade de Mathura.

Lá Khemsari veio correndo, com muitas mulheres, idosos e crianças.

Khemsari disse: "Ó homem antigo, de onde você veio?"

Eu disse a ele sobre os ensinamentos do Nome Sagrado, sobre Sat Purush e sobre a forma de Yama (Kal).

Ouvindo isso – quando ele compreendeu a fraude de Yama (Kal) – o amor se manifestou dentro de Khemsari.

Fazendo Khemsari ter o vislumbre (*darshan*) de Sat Lok

Mas ele tinha uma dúvida: somente depois de ver Sat Lok ele acreditaria.

Então, mantendo o seu corpo aqui, tomei a sua alma por um instante até Sat Lok (o Paraíso).

Depois de mostrar-lhe Sat Lok, eu trouxe sua alma de volta. Depois de retornar ao seu corpo, ele se arrependeu:

"Ó Senhor, me leve para aquele plano. Aqui há muito das misérias de Kal."

Então eu lhe disse: "Escute minhas palavras. Obedeça a tudo o que eu disser:

Sat Lok é alcançado após o Tika ser preenchido

Irmão, até o *tika* (depósito atrás dos olhos, que deve ser preenchido com a atenção antes que a alma possa se elevar) ser preenchido, mantenha a atenção na Palavra.

Você viu o meu *Lok*, então dê este ensinamento às almas.

84

O fruto do ensino às almas

Ainda que uma alma venha ao Seu refúgio, tal alma será apreciada por Sat Purush (o Eterno).

Se uma vaca, prestes a ser comida por um leão, é salva por um homem valente, tal homem será muito elogiado.

O leão tem medo do homem valente. Da mesma forma as almas são o alimento de Kal, e

Se alguém tornar uma alma determinada na devoção a Deus ou na constância (*bhakti*), ele obtém o fruto da salvação de dez milhões de vacas".

Khemsari caiu aos meus pés e disse: "Ó Senhor, salve-me!

Derrame bênçãos sobre mim e me ilumine para que eu não caia na armadilha de Kal novamente".

Sat Sukrit (Kabir) disse:

"Ouça, Ó Khemsari, este é o país de Yama (Kal), sem a Palavra o medo não poderá ser removido.

Agarrando a corda de Sat Purush a alma rompe as armadilhas de palha de Yama (Kal).

Aquele que recebe o dom da Palavra de Sat Purush não retorna ao oceano da vida".

Khemsari disse: "Dê-me o passaporte, libertando-me de Yama, faça-me Sua propriedade.

E às outras almas em minha casa, Ó Senhor, dê a elas também o dom da Palavra.

Por favor, coloque seus pés em minha casa e explique a mensagem da libertação para as almas".

Kabir disse a Dharam Das:

Então, em sua casa, a Reunião do Amor ocorreu. Os pés, que estavam cheios de néctar e dádivas para a libertação, pisaram naquela casa.

Khemsari falou a todos e explicou: "Irmãos, todos vocês tornaram suas vidas bem-sucedidas".

Khemsari disse à família:

"Irmãos, aqueles que querem a libertação da alma, aceitem o Nome Sagrado do Santo Mestre (*Satguru*).

Ele é o único que pode salvá-los de Yama (Kal); acreditem em mim, esta é verdade".

Kabir disse a Dharam Das:

Todas as almas creram nele firmemente, e então todas elas foram com Khemsari.

Elas vieram aos meus pés e disseram: "Ó Senhor, liberte-nos para que Yama não nos persiga e possamos afugentar a dor do nascimento após nascimento".

Quando eu vi estes homens e mulheres tão impotentes, eu disse isto a eles:

"Ninguém pode deter aqueles que aceitarem a minha Palavra Sagrada.

O sofrimento criado por Kal será terminado para a alma que crê em meus ensinamentos.

Yam Raj (Kal) não chegará perto daquele que recebe o passaporte do Nome de Sat Purush".

Sat Sukrit (Kabir) disse a Khemsari:

"Traga o que é necessário para realizar o arti (cerimônia de iniciação), para que eu possa terminar com a dor de sua alma, dor que foi criada por Kal".

Khemsari disse: "Ó Senhor, me explique o que é necessário para que o *arti* a seja executado".

HINO

"Ouça, Khemsari, o significado de *arti* que vou explicar a você.

Traga doces, folhas de betel, cânfora, banana, oito tipos de frutas secas,

Cinco vasos, um pedaço de pano branco, folhas limpas de uma bananeira,

Um coco, e uma flor branca – e faça um quadrado (*chauka*) branco de sândalo.

DUETO

Ó Khemsari, traga todas essas coisas e realize o *arti*.

Marcando as bordas com a noz de betel, faça o *chauka* através do Nome Sagrado.

E traga outras coisas puras – a bela manteiga branca clarificada (*ghee*) da vaca".

Kabir disse a Dharam Das:

Ao ouvir as minhas palavras, Khemsari obedeceu; ele trouxe imediatamente tudo.

Ele montou o toldo branco e estava determinado a saber como executar o *arti*.

Pelo desejo de Sat Purush, foram criadas as cinco palavras sagradas.

Devoção, meditação e conhecimento dados pelo Mestre estavam lá também.

Sentei-me na *chauka*, e a meditação do Som da Corrente Indestrutível se manifestou.

Na Meditação o Som Indestrutível da Palavra (*Shabda*) se manifestou – ninguém pode pará-lo neste mundo!

No momento Adequado o *chauka* foi realizado e a Luz Radiante Indestrutível foi manifestada.

Quando o *chauka* foi realizado por meio do Nome Sagrado e o coco foi quebrado, Kal fugiu.

Quando o coco foi batido na rocha, a cabeça de Kal foi partida e todas as dores se foram.

Quando o coco quebrou, uma fragrância foi liberada, dando uma mensagem de Sat Purush.

Eu disse a eles os cinco Nomes (de Deus), e naquele momento eles receberam o Nome de Sat Purush.

Irmão, por um momento Sat Purush veio e sentou-se lá. Todas as pessoas se levantaram e realizaram o *arti* (a cerimônia de iniciação).

Novamente o *arti* foi realizado na casa, um tubo foi quebrado, e todas as pessoas beberam água.

Primeiro Khemsari bebeu a água, e depois dele outras almas beberam respeitosamente.

Expliquei-lhes sobre o *Dhyan* (contemplação). Pela contemplação do Nome, suas almas seriam salvas.

Expliquei-lhes os modos de vida e disse-lhes que, ao fazer a Memorização dos Títulos de Deus (*Simran*) e do Nome (*Naam*), suas almas voltariam para Casa.

HINO

Depois de dar o conhecimento do Satguru às doze almas eu fui ao Oceano da Paz;

Toquei os pés de lótus de Sat Purush, que, sorrindo, me fez sentar em seu colo.

De muitas maneiras, o Proprietário das Almas me perguntou sobre meu bem-estar e felicidade.

Irmão, eu estava feliz olhando para a glória daquele lugar, que era muito bonito.

DUETO

Ó Dharam Das, a glória da Luz da Alma não pode ser descrita.

Em Sat Lok a luz de uma alma é igual à luz de dezesseis sóis.

Por alguns dias eu lá residi, e então eu vim ver meus discípulos.

Dia e noite eu permaneci em segredo neste mundo, e nenhuma alma me reconheceu.

As almas que iniciei eu enviei para Sat Lok.

Em Sat Lok elas viveram alegremente na Eterna Primavera de Sat Purush.

Só ele vê aqueles que chegam naquele lugar. Ele quem criou este Universo está dizendo isso para despertar as almas.

3. Na Treta Yuga (Era de Prata):

A Encarnação como Maninder

Sat Yuga (a Idade do Ouro) pereceu e *Treta Yuga* (Idade de Prata) surgiu.

Levando comigo o nome Maninder, eu ensinei as almas.

Quando eu cheguei para ensiná-las, Dharam Rai (Kal) estava com medo em seu coração:

Ele pensou: "Tomando as almas de volta para a Corte de Sat Purush, Ele arruinará o meu oceano do mundo.

Eu tentei resolver isso através do engano; mas tendo medo de Gyani, Eu não posso estar diante dele.

Gyani leva a glória de Sat Purush com Ele. É por isso que minhas armadilhas não o atingem".

Então Kal nada conseguiu. Pela glória da Palavra, as almas voltaram para Casa.

HINO

Ó Dharam Das, pela glória da Palavra as almas voltaram para Casa.

Quando o elefante olha o leão, ele fica aterrorizado, e seu coração começa a bater.

A glória da Palavra de Sat Purush é o leão, e Kal é o elefante:

As almas que agarram a Palavra chegam até Sat Lok – aceite as minhas palavras como verdade.

DUETO

Seja absorvido no Nome Sagrado do Santo Mestre (*Satguru*) e aja de acordo com as Ordens do Mestre:

Mantenha a atenção na Palavra abandonando todas as execuções, ilusões e ditames da mente.

Quando a Treta Yuga começou, eu vim a este mundo mortal.

Eu perguntei a muitas almas: "Quem te salvará de Yama (Kal)?"

Sendo controladas pela ilusão, as almas inocentes disseram: "Nosso Criador é o antigo Purush.

Vishnu é o nosso protetor eterno, e ele é o único que nos salvará de Yama".

Alguns olharam esperançosos para Mahesh (Shiva); alguns cantaram à Chandi Devi (a Deusa Suprema);

Dando-se como seus esposos, eles são fascinados por Kal:

Eles são colocados de novo e de novo na morada dos Karmas, e são enredados pelas armadilhas de Kal, e estão sendo mortos por ele.

Eu pensei: Se eu pudesse receber as ordens de Sat Purush, eu poderia eliminar Kal e levar todas as almas de volta –

Mas se eu usar a força eu quebraria minha promessa – então, ensinando as almas,

Eu as levarei de volta gradualmente.

As almas estão servindo àquele que as devora – inconscientemente elas estão indo para a sua boca.

A HISTÓRIA DE VICHITRA BHAT EM LANKA

Depois de passar por todas as quatro direções eu fui para Lanka (atual Sri Lanka), onde conheci Vichitra Bhat, que teve fé em mim.

Ele me perguntou sobre a mensagem de libertação e eu lhe ensinei o Conhecimento.

Ouvindo-a, a ilusão de Vichitra foi embora. Tornando-se muito humilde ele caiu aos meus pés e disse:

"Ó Swami, me leve ao seu refúgio. Você é a morada de felicidade de Sat Purush.

Satisfaça-me hoje e proteja minha alma".

Eu disse a ele sobre a realização do *arti* (ritual de iniciação) como eu havia dito a Khemsari.

Carinhosamente ele trouxe o que era necessário – o *arti* foi realizado e o Som do Nome Sagrado ressoou.

Quebrando a palha, eu dei o presente a ele; na sua casa, ninguém mais me entendeu.

Eu lhe dei a Memorização do Nome de Deus (*Simran*) e o *Dhyan* (contemplação). Eu não escondi o Cordão Perfeito dele.

HINO

A esposa de Vichitra foi ao palácio e disse à rainha,

"Há um belo yogi (asceta) que é um grande sábio.

Eu não posso descrever Sua grandeza. Ele é branco e infinitamente completo nas mais altas qualidades.

Eu nunca vi ninguém como ele.

Meu marido se refugiou Nele e tornou o seu nascimento frutífero".

A HISTÓRIA DE MANDODARI

DUETO

Ouvindo isso, a rainha Mandodari tornou-se ansiosa em possuir o *darshan* (vislumbre).

Trazendo o seu funcionário, ela veio com ouro e diamantes.

Ela inclinou a cabeça aos Seus Pés – então Maninder (a encarnação de Kabir) deu-lhe as bênçãos.

Mandodari disse: "Este é um dia auspicioso para mim. Dobrando minhas mãos, eu imploro a Você.

Eu nunca vi um eremita como Você. Seu corpo é puro e suas roupas também são puras.

De modo que o meu trabalho pode ser feito, diga-me. Esquecendo minha casta e família,

Ó Onipotente, trate-me como uma mulher cujo esposo está vivo.

Apoie-me com a Sua mão e me salve do afogamento no mundo.

Agora Você é muito querido para mim. Você é gracioso e minhas ilusões fugiram".

Maninder disse a Mandodari:

"Ouça, querida esposa de Ravana: pela glória da Palavra as correntes de Yama são cortadas.

Veja com a visão de seu conhecimento; Eu explico a você sobre o verdadeiro e o falso.

Sat Purush é imensurável e imortal, e Ele é o Único nos três mundos.

Lembre-se do Senhor que liberta das idas e vindas."

Ao ouvir as minhas palavras, sua ilusão desapareceu; e, aceitando as minhas palavras, o amor se manifestou em sua mente:

"Ó Senhor, leve-me ao seu refúgio e ponha fim aos meus nascimentos e mortes".

Eu dei a ela a iniciação, conectado-a com a Corda de Sat Purush, e dei a ela os Seus sinais.

Ela ficou muito contente ao obter a corda que leva à sua casa – contente como o pobre que ganha muitas riquezas.

A rainha curvou-se aos meus pés, e eu fui para o palácio.

A história da esposa de Vichitra

Vichitra explicou à esposa e disse-lhe para se refugiar e libertar a si mesma.

A esposa de Vichitra aceitou o seu conselho, e, recebendo a Iniciação, tornou-se livre da ilusão.

Maninder vai ao palácio de Ravana
Então eu fui ao palácio de Ravana e falei com a sentinela.

Eu disse a ela: "Traga o Rei para mim".

A sentinela educadamente respondeu: "O rei Ravana é muito poderoso.

Devido ao poder de Shiva ele não teme ninguém, e não acredita nas palavras de ninguém.

Ele é arrogante e sua raiva é ilimitada. Se eu for e lhe disser isso, ele me matará em um instante".

Maninder disse ao porteiro:

"Obedeça minhas palavras e vá por esta vez, e você escapará ileso.

Acredite, pois minhas palavras são verdadeiras! Vá e traga Ravana agora".

Imediatamente o porteiro foi. Cruzando as mãos ele ficou perante o rei e disse: "Um Asceta veio a mim e disse-me para que chamasse o Rei".

A raiva de Ravana para com a sentinela
Ouvindo isso o rei ficou furioso e disse: "Ó sentinela, você é um homem tolo.

Quem tirou o seu bom senso para que você viesse me chamar?

Nem mesmo os filhos de Shiva podem ter meu vislumbre (*darshan*), e você diz que um mendigo está me chamando? –

Sentinela, ouça-me: Descreva a forma do Asceta.

Descreva as roupas que ele está vestindo. Diga-me para que eu sinta que tenho que vê-lo com meus próprios olhos".

A sentinela disse:

"Ó Ravana, sua forma é branca. Ele tem um colar branco, e sua tilak (marca na testa) é linda.

Sua beleza é como a lua! Suas roupas são brancas e tudo o que ele tem é branco".

Mondodari, a rainha, disse: "Ó Rei Ravana, tal é a beleza de Sat Purush.

Se você for rápido e ficar unido a Ele, seu reino poderá se firmar.

Ó Rei, desista de seu nome e sua fama. Toque seus pés e se incline para ele".

Kabir disse a Dharam Das:

Ouvindo isso, Ravana ficou com raiva; ele suava como a manteiga (ghee) que havia sido colocada no fogo.

Ele se levantou com uma espada na mão e disse: "Eu irei e lhe cortarei a cabeça imediatamente!

Eu vou matá-lo! Sua cabeça vai cair! Vamos ver o que aquele mendigo pode fazer a mim!"

O rei Ravana veio a Maninder e setenta vezes o atacou com a espada que tinha trazido.

Maninder segurava um pedaço de palha como um escudo, e o poderoso Ravana golpeava contra isso.

HINO

Porque o rei era muito orgulhoso, Maninder usou a palha como escudo. Ele fez isso para que Ravana pudesse sentir vergonha.

Mandodari disse: "Ouça, Ó rei, desista do ego e seja humilde.

Curve-se a Sat Purush e abrace Seus Pés para que seu reino possa permanecer para sempre".

Ravana disse:

DUETO

"Servirei a Shiva, que me deu este Reino forte.

Eu apenas tocarei seus pés e me curvarei a ele sozinho".

Ouvindo estas palavras Maninder disse: "Ó Ravana, você é muito orgulhoso,

Você ainda não percebeu o meu segredo, mas vou lhe dar um sinal:

Ramchandra virá e o matará, e nem mesmo os cães comerão sua carne!"

Kabir disse a Dharam Das:
Eu insultei Ravana e então parti para Avadh Nagar.

A HISTÓRIA DE MADHUKAR

HINO

Depois de insultar Ravana eu fui para Avadh Nagar.

No caminho eu conheci Madhukar, o brâmane, que teve o meu vislumbre (*darshan*).

Ele me reconheceu tocando os meus pés, e inclinou a cabeça para mim em reverência.

Ele me pediu que fosse até sua casa.

De muitas maneiras, ele mostrou a sua humildade.

DUETO

Aquele pobre brâmane absorveu o conhecimento dentro dele e me amou muito.

Ele aceitou o néctar – o Conhecimento do Nome Sagrado – alegremente.

Encontrei-o inteiramente em meu refúgio, e então eu disse a ele para realizar o Conhecimento.

Eu lhe dei a mensagem de Sat Purush, e, ao ouvi-la, ele se tornou muito feliz.

À medida que os brotos são consumidos pelo fogo, sem água, mas florescem novamente quando têm (água) o suficiente –

E tal como esses brotos ficam felizes quando finalmente ficam encharcados – da mesma forma Madhukar ficou feliz quando obteve a Palavra (*Shabda*).

Ao ouvir sobre Sat Purush, ele disse alegremente,
"Ó Santo, faça-me ver Sat Lok (o Paraíso)".

Maninder disse:
"Venha! Eu vou te mostrar Sat Lok, e o trarei de volta depois de fazer com que você veja".

Kabir disse a Dharam Das:

Mantendo seu corpo na terra, tomei a sua alma e a fiz chegar ao Plano Imortal.

Olhando para a glória de Sat Lok ele ficou muito feliz, e, então,

A mente de Madhukar acreditou.

Madhukar caiu aos meus pés e disse: "Ó Senhor, agora a minha sede foi saciada.

Agora leve-me novamente para o mundo, onde eu darei os ensinamentos às almas.

Eu proclamarei o caminho para as almas que vierem à minha casa".

Kabir disse a Dharam Das:

Então eu trouxe de volta sua alma para o mundo, e ela entrou no corpo pela segunda vez.

Na casa de Madhukar estavam vivendo dezesseis almas, a quem ele deu a mensagem de Sat Purush.

"Vá e pegue os Pés do Todo Perfeito. Somente Ele libertará você de Yama".

Todos acreditaram nas palavras de Madhukar e obtiveram o passaporte da libertação.

Madhukar disse: "Escute o meu pedido! Dê Sat Lok (o Paraíso) a todos!

Nesta terra de Yama, há muito sofrimento! Ninguém sequer dá água para as almas.

Ó Senhor das almas e meu Senhor, derrame graças sobre nós, Ó Senhor, Todo Consciente.

HINO

Esta é a região do Poderoso Yama (Kal), Ele que assedia todas as almas.

Muitos tipos de enganos estão aqui. Morte e nascimento prevalecem aqui.

A luxúria, a ira e o desejo são fortes, a ganância e a ilusão (*maya*) são muito fortes.

Eles existem nos deuses e sábios, e eles destruíram milhões de almas.

DUETO

Estes três mundos são a região de Yama, onde as almas nunca têm a felicidade nem por um momento.

Remova o sofrimento de Kal e nos leve para nossa Casa".

Kabir disse a Dharam Das:

Eu o encontrei em meu refúgio, então eu dei a eles a Iniciação.

Dezesseis almas vieram, e foram levadas para Sat Lok.

Os anjos de Yama ficaram ali observando como lutadores derrotados na arena.

As almas tocaram os pés de Sat Purush, e disseram: "Você acabou com o nosso problema do nascimento e da morte".

Sat Purush perguntou-lhes sobre o seu bem-estar. Dwij disse: "Estamos bem depois de termos vindo aqui".

Dharam Das, esta é uma regra (*bani*) muito estranha – Aquele que manifesta esse segredo oculto é o Gyani.

As almas foram banhadas com as roupas da Imortalidade.

Obtendo o corpo imortal elas ficaram muito felizes.

O brilho da alma é igual à luz de dezesseis sóis, e elas se alimentam apenas de néctar.

Obtendo a Imortalidade, seus corpos ficaram satisfeitos.

Recebendo o vislumbre da Memorização do Nome Sagrado (*Simran*) de Sat Purush elas ficaram muito felizes.

Isso aconteceu na *Treta Yuga* (Idade de Prata): as almas foram libertadas pelo efeito do Nome.

4. Na Dwapar Yuga:

A Encarnação como Karunamai

A VINDA DE KARUNAMAI NA TERCEIRA ERA

Depois da Treta Yuga veio a *Dwapar Yuga* (Era do Cobre), e novamente as almas foram atacadas pelo Poder Negativo.

Quando a *Dwapar Yuga* veio, Sat Purush me chamou.

Sat Purush disse:

"Ó Gyani, vá no mundo em breve, e salve as almas de Yama (Kal).

Kal está causando dor nas almas. Vá e corte suas correntes.

Acabe com Kal e traga de volta as almas. Por que elas deveriam ir para o mundo de novo e de novo (em sucessivas reencarnações)?"

Então eu disse estas palavras a Sat Purush, "Ordene-me, Ó *shabda Parwani*".

Purush disse, "Ouça, Yoga Santryan, liberte as almas, fazendo-as perceberem o Nome Sagrado.

Se nesta época Kal se comportar injustamente, Meu Filho, ponha-o para fora com a minha Palavra.

As almas estão aprisionadas no nariz de Kal. Use qualquer meio, mas traga-as de volta para o Êxtase Supremo.

Todas as almas buscam refúgio quando a personalidade de Kal torna-se conhecida a elas.

Eles não sabem reconhecer o bom conhecimento e o Nosso conselho.

Eles não sabem como olhar para as coisas.

Ide pelo mundo e manifeste lá o Caminho Suave (*Sehaj*). Liberte as almas manifestando a Si mesmo lá.

As almas que o aceitarem me alcançarão. Yama não devorará aqueles que acreditarem em você.

Vá e traga as almas. Você tem a minha glória consigo.

Não há nenhuma diferença entre você e Eu, exatamente como a onda da água termina inerte no oceano.

Aqueles que compreenderem Você e Eu como duas coisas diferentes – Yama fará o seu lugar em seus corações.

Vá depressa para o mundo e faça as almas atravessarem o oceano do mundo".

Kabir disse a Dharam Das:

Baixando Sua cabeça Gyani partiu, e com ordens de Purush chegou ao mundo.

Quando o Som de Purush começou a ressoar no mundo, Ó Dharam Das, o Mal tocou meus pés.

Vindo ao meu refúgio, Dharam Rai (Kal) me questionou de muitas maneiras:

"Por que você veio para o mundo desta vez?

Dê-me algum conhecimento sobre isso. Eu lhe imploro: não desperte o mundo todo!

Você é o meu irmão mais velho, eu sou o seu mais novo. Eu me prostro aos seus pés".

Gyani disse:

DUETO

"Ouça isto, Ó Dharam Rai. Raras são as almas que Me reconhecem.

Ninguém acredita no Nome Sagrado, já que você enganou as almas inteligentemente".

Kabir disse a Dharam Das:

Dizendo que eu coloquei os meus pés no mundo mortal e mais uma vez proclamei as Palavras do caminho espiritual

Eu levei o corpo de Sat Lok e entrei no corpo humano.

Eu vim para o mundo mortal e chamei o Santo Nome Sagrado para as almas.

Quando eu cheguei na *Dwapar Yuga* meu nome era Karunamai.

Ninguém ouviu o meu chamado, como se eles tivessem sido amarrados por Kal nas correntes da Grande Ilusão.

A HISTÓRIA DA RAINHA INDRA MATI

Então eu fui para Garh Giri Nar, onde o Rei Chandra Vijay costumava viver.

Em sua casa havia uma rainha inteligente, que adorava os *sadhus* (sábios), entendendo a sua glória.

De pé no telhado, ela costumava olhar para os sábios: devido ao vislumbre dos Santos, ela foi adoecendo.

Eu sabia do amor que a rainha tinha, então parti pela estrada até a casa dela

Quando a rainha me viu, ela disse ao seu servo,

"Vá rápido para a estrada e traga o sábio que está lá."

O servo veio e agarrou-se aos meus pés, e me disse as palavras da rainha.

O servo disse: "Minha rainha tem o desejo de ter o seu *darshan* (vislumbre), e lhe envia esta mensagem: 'Dê-me o seu vislumbre, Ó Din Dayal, com o seu vislumbre toda a minha dor irá embora'".

Então Gyani disse estas palavras: "Eu não vou às casas dos reis e imperadores.

A função de um reino é oferecer nome e fama. Eu sou um sábio e não vou para a casa de um rei".

O servo voltou para a Rainha, e cruzando as mãos ela disse: "O sábio não atenderá ao meu pedido.

Ele diz que não vai às casas dos reis e imperadores".

Ao ouvir isso, Indra Mati levantou e veio correndo até mim, e curvou-se e me saudou.

Indra Mati disse:

"Ó Senhor, derrame bênçãos sobre mim. Agora, por favor, coloque seus pés em minha casa".

Kabir disse a Dharam Das:

Olhando para o seu amor, eu fui para a casa dela. Então eu entrei no Palácio do rei.

Como a Rainha tinha dito, "Venha à minha casa. Seu vislumbre me tem feito feliz".

Então, olhando para o seu amor, eu fui para a casa dela. A Mim me foi dado um trono, e ela lavou os meus pés.

Ela me deu um trono para sentar e lavou os meus pés, e ela me deu uma toalha para limpar os pés.

Mais uma vez ela lavou os meus pés e bebeu a água. Limpando meus pés, ela compreendeu a sua vida como uma bênção.

Então ela me pediu permissão para que eu comesse: "Ó Senhor, fazei-me feliz.

Enquanto resto do seu alimento permanecer em minha casa, eu

comerei esse parshad (sobras de uma refeição) abençoado".

Karunamai disse:

"Ouça, Ó Rainha, eu não tenho nenhum apetite, já que apenas aqueles que são envolvidos com os cinco elementos tem isso.

A minha comida é o néctar da Palavra. Ouça, Ó Rainha, vou dizer-lhe resumidamente:

Meu corpo é diferente dos corpos que possuem os elementos e as *gunas* (características). Os elementos e os Prakritis (as naturezas) são criações de Kal.

Kal fez oitenta e cinco tipos de sopros de vida, e fez o perecível corpo de cinco elementos.

Nesse corpo há um 'Sopro de Vida' original, que é chamado de alma, *Sohang* ("Eu sou você").

A alma é a essência de Sat Purush, e Kal a imobiliza, envolvendo-a em dúvidas.

Ele tem aprisionado as almas em muitas armadilhas. Dando-lhe a cobiça, Kal as enredou nestas armadilhas.

Eu vim a este mundo para libertar as almas, e eu liberto aquelas que me reconhecerem.

Dharam Rai (Kal) tem realizado esses truques! Ele tem enganado as almas de várias maneiras.

Kal criou a água e o ar artificiais e, quando eles acabarem, as condições das almas ficarão muito ruins.

Meu corpo é diferente dessas coisas, pois meu corpo não foi feito por Kal.

O Nome Sagrado Ilimitado é o meu corpo – entenda isso. Já expliquei isso para você resumidamente".

Kabir disse a Dharam Das:

Ao ouvir estas palavras, ela ficou surpresa. Então a Rainha disse estas palavras:

"Ó Senhor, eu estou espantada! Não há mais ninguém desta natureza".

HINO

Vindo plenamente ao meu refúgio, Indra Mati disse,
"Ó Morada da Graça, derrame a bênção sobre mim.
Um por um, explique-me todo este mistério.
Não há ninguém igual a Vishnu, nem mesmo
Santos como Mahesh e Brahma.
Este corpo perecível é feito dos cinco elementos.
As pessoas inteligentes não são exceção.

DUETO

Ó Senhor, como Você se tornou diferente deles?
Sacie minha sede, dando-me o seu reconhecimento.
Ó Senhor, estou surpresa porque não há mais ninguém que se compare a isto!
Quem és tu e de onde Você veio?
Ó Senhor, de onde Você conseguiu esse corpo sem aflições?
Ó Mestre Divino (*Gurudeva*), qual é o seu nome? Explique todos esses mistérios para mim.
Eu não conheço os seus segredos, e é por isso que eu estou perguntando a Você desta forma".

Karunamai disse:
"Ó Indra Mati, ouça esta bela história, e explicarei a você as qualidades sagradas.
Minha terra é diferente dos três mundos. Yama não existe lá. Essa é a Terra da Pessoa Primordial.
Que bela terra é Sat Lok. Ela pode ser alcançada apenas depois de se aceitar o verdadeiro Nome.
O corpo de Purush é uma luz maravilhosa; lá a beleza da alma é encantadora.
A Glória de Purush é muita – que exemplo eu poderia dar deste mundo?
Não há nada nestes três mundos que possam ser dados como exemplo.
A lua e o sol estão neste plano, e não há aqui outra coisa tão radiante quanto eles.
Em Sat Lok é tanta que até mesmo uma célula daquele lugar pode fazer milhões de luas se sentirem tímidas!

Quando a beleza de uma célula é tão grande, então como eu posso descrever a beleza de Seu Rosto?

O Purush é brilhante e radiante. Agora vou dizer-lhe sobre a beleza das almas.

A luz de uma alma é igual ao esplendor de dezesseis sóis. Lá as almas permanecem satisfeitas com o *Agar-Vasna* (Sem Desejos).

Lá a noite nunca chega. Lá a Luz do corpo de Sat Purush sempre permanece.

O que dizer? Não há mais nada. Abençoada é a alma que Lá alcança.

Eu vim daquele plano; meu nome é Karunamai. Eu vou te dizer os nomes da morada da felicidade.

Eu vim na *Sat Yuga* (Idade do Ouro), *Treta* (Prata) e agora também na *Dwapar* (Cobre). Eu vim em todas as idades. Aquelas almas que despertam, eu as envio para Sat Lok".

Indra Mata disse:

"Ó Senhor, tu vieste em outras idades. Quais eram os seus nomes naquelas idades?"

Karunamai disse:

"No Sat Yuga fui chamado Sat Sukrit. Em Treta meu nome era Maninder.

Em todas as idades eu tive um ou outro nome. Eu enviei aqueles que me reconheceram para Sat Lok".

Kabir disse a Dharam Das:

Ó Dharam Das, eu expliquei tudo para ela e lhe contei a história da Primeira e da Segunda Idade – ao ouvir ela se tornou mais ansiosa e pediu muitas outras coisas.

Ela perguntou sobre o início e o fim da criação, e sobre o caráter de Yama – ao qual eu expliquei a ela.

Eu disse a ela como os dezesseis filhos nasceram; como o estômago de Kurma foi rasgado e a deusa foi criada – eu expliquei tudo a ela.

Eu disse a ela como Kal engoliu Ashtangi, e em seguida a expeliu; e como a terra e o céu foram criados.

Eu disse a ela como os três filhos agitaram o oceano. Eu disse a ela as maneiras como Kal enganou as almas.

Ouvindo tudo isso, sua ilusão anterior se foi. Tornando-se feliz em amor, ela agarrou os meus pés.

Impaciente, ela cruzou as mãos e disse: "Ó Senhor, salva-me de Yama.

Eu sacrifico todo este reino a Você, e desistirei de toda esta riqueza e posses.

Deus misericordioso, me leve para o seu refúgio! Corte minhas correntes e me torne feliz!"

Karunamai disse:
"Ó Indra Mati, ouça as minhas palavras. Com certeza eu cortarei as suas correntes.

Reconheça-me e seja determinada na fé. Agora, vou lhe dar a Palavra, a autoridade.

Execute o *arti* (ritual de iniciação) e tome a Palavra, e então Yama irá para muito longe.

Reconheça-me e tenha fé em mim; pegue a Palavra e cruze o Oceano da Vida.

Traga o que for necessário para a realização do *arti*. Eu não tenho nada a fazer com o seu reino. Eu não gosto de riqueza e propriedades, eu vim a este mundo para despertar as almas.

Você trouxe essa riqueza aqui – respeite os Santos no bom caminho.

Todas as almas são do Senhor Sat Purush, mas como são impelidas pelo apego, elas permanecem nas trevas.

A essência de Sat Purush reside dentro de todos, mas não é manifestada; ela permanece escondida.

HINO

Todas as almas são de Sat Purush, mas, por causa do apego e da ilusão, elas se tornaram de um outro.

Tudo isso é o ardil de Yamraj (Kal). No mundo, o laço da ilusão é a coisa principal.

Sendo controladas por Kal, as almas lutam comigo; e, sendo controladas pelo apego, elas não me reconhecem.

Abandonando o néctar, elas amam o veneno; deixando a manteiga, elas bebem água.

DUETO

Raras são as almas que me reconhecem após terem provado o Nome Sagrado!

Elas correm e atendem ao Amado, e desistem do apoio de Kal".

Ouvindo as palavras de proteção, Indra Mati falou muito docemente: "Você deu felicidade a mim – Ó solitário – e com Sua graça eu reconheci o insondável Senhor.

Ó Senhor, agora eu o reconheci! – certamente Você é Sat Purush.

Sat Purush, que criou os planos, que tem misericordiosamente derramado bênçãos sobre mim.

Em meu coração eu tenho acreditado que ninguém é maior do que Você.

Agora, Ó Senhor, fale-me sobre o *arti* – diga-me o que for preciso".

Kabir disse a Dharam Das:

Ó Dharam Das, eu disse a ela da mesma forma que eu disse a Khemsari: "Faça o chauka

e prepare-se. Então eu lhe darei o meu Nome (*Naam*)".

Então a Rainha trouxe o que era necessário, e, sentada no *chauka* (área quadrada onde se realiza o ritual) ela ficou determinada a aceitar a Palavra (*Shabda*).

Executando o *arti* (ritual) a ela foi dado o passaporte. Em seguida, ela recebeu a Dhyan (contemplação) de Purush, Suas Memorizações do Nome de Deus (*Simran*) e a Palavra.

Assim, a rainha recebeu a Palavra e, depois de curvar a cabeça, ela se levantou.

Então a Rainha explicou ao rei, "Ó Senhor, você não vai conseguir esta oportunidade novamente.

Aceite o Seu refúgio se você quiser a libertação. Acredite em minhas palavras!"

O rei Chandra Vijay disse:

"Ó Rainha, você é minha esposa. A nossa devoção não pode ser separada. Eu verei a sua devoção – como você me libertará?

Eu verei a glória de sua devoção – como conseguirei atingir Sat Lok, extinguindo toda a dor?"

Kabir disse a Dharam Das:

Mais uma vez a rainha veio até mim. Eu lhe disse sobre o caráter de Kal.

Quando ela chegou, eu disse estas palavras:

"Ouça, Rainha, minha única palavra. Kal engana e ilude.

Kal se tornará uma cobra e virá até você. Ele irá mordê-la – eu estou lhe dizendo.

Eu fiz de você minha discípula. Sabendo disso, Kal Takshak morderá você.

Então eu farei você se lembrar do mantra, fazendo com que o veneno de Kal vá embora.

Eu lhe dei o Supremo Nome Sagrado, então o veneno de Kal não se espalhará em você.

Então, novamente Yama praticará outro ardil – eu estou lhe dizendo também sobre as características disso.

Jogando este ardil, Yama chegará perto de você – eu estou lhe dizendo também esse segredo.

Ele se disfarçará como uma Alma Elevada e explicará o conhecimento a você como se fosse eu.

Ele lhe dirá 'Ó Rainha, reconheça-me. Meu nome é Gyani e eu sou o destruidor de Kal'.

Desta forma Kal virá para enganá-la – Mas vou lhe dizer como reconhecê-lo:

A testa de Kal é estreita – eu estou lhe dizendo sobre os olhos de Kal.

Eu disse a você sobre a identificação de Kal – todo o seu corpo é branco".

Então a Rainha veio às pressas, agarrou meus pés e me pediu, "Ó Senhor, me leve para Sat Lok.

Esta é a terra de Yama! Leve-me para Sat Lok, para que todos os meus problemas possam chegar ao fim.

Este é o lugar de Kal, Ó Senhor! Leve-me para o Plano Sem Limites".

Então eu disse à Rainha, "Ouça as minhas palavras com atenção. Agora, o seu vínculo com Yama foi quebrado e sua ilusão se foi, uma vez que você recebeu o Conhecimento.

Dia e noite repita a minha Palavra, e que mal Kal poderá fazer?

Mantenha-se ligada à Palavra até que o seu destino seja concluído.

HINO

Dia e noite repita a minha Palavra, e você perceberá sempre que Kal tentar enganá-la;

Até que o destino seja concluído, a alma não pode ir em definitivo.

Olhe para a grande criação de Kal – ele vem como um elefante a este mundo.

Mas, olhando para o tigre, o elefante fica com medo e não vem diante dele novamente.

DUETO

Kal é como o elefante. A glória de Sat Purush é o tigre.

Mantenha sempre o escudo do Nome (*Naam*). A espada de Kal não prevalecerá contra isso".

Indra Mati disse:

"Ó Senhor, eu entendo o que você diz. Eu levo suas palavras ao meu coração.

Eu lhe peço uma coisa, Ó Swami, uma vez que és o Senhor Todo Consciente.

Kal vai perseguir-me como uma serpente, e então ele virá na forma de uma grande alma:

Ó Senhor, por favor, volte novamente para mim, e em seguida, leve minha alma para Sat
Lok!"

Gyani disse: "Ouça, Ó Rainha. Estou lhe dizendo isto claramente.
Kal virá com muitos ardis.
Não lhe dê confiança – olhando para mim, Kal fugirá.
Depois dele eu irei até você, e farei sua alma alcançar Sat Lok.
Eu lhe dei o Nome Sagrado. Dia e noite repita-a com atenção".

Kabir disse a Dharam Das:
Depois de dizer tudo isso eu desapareci. Em seguida, Kal veio sob a

forma de Takshak [serpente tentadora que simboliza o mal].

Takshak veio ao palácio, e se sentou na cama da Rainha.

Quando a metade da noite tinha passado a rainha se levantou, depois de servir o
Rei.

Ela inclinou a cabeça para o Rei e veio ao seu palácio.

Quando ela se deitou na cama, a cobra a mordeu na testa.

Então Indra Mati clamou assim: "Takshak me mordeu!" Ouvindo isso, o Rei ficou com medo e rapidamente veio até ela, chamando pelo (homem) removedor de venenos.

O rei disse: "Se você puder manter a minha amada viva, e o veneno de Takshak for removido, eu lhe darei um pequeno reino."

HINO

A rainha estava repetindo o Santo Nome Sagrado, e manteve sua atenção no Senhor.

Os médicos e removedores de veneno foram dispensados, tal como ela disse, "O Senhor de toda a humanidade não está longe.

Meu Mestre Sagrado (*Satguru*) deu-me um mantra. O veneno não vai me afetar,

Assim como a escuridão desaparece quando surge a luz do sol".

DUETO

Ela disse: "Meu Mestre é ótimo!" Ela se levantou, vendo que o Rei havia ficado muito feliz.

Yam Doot [o emissário da morte] foi até a Brahma, Vishnu e Mahesh:

Ele disse: "O poder do veneno não agiu. Ele fugiu devido à muralha da Glória da Palavra".

Vishnu disse: "Ouça, Yam Doot: Faça o seu corpo ficar branco. Engane a Rainha e traga-a. Obedeça às minhas palavras".

O Mensageiro fez seu corpo ficar branco e, com muito entusiasmo, ele foi até a rainha.

Ele disse estas palavras a ela. "Por que você está triste, Ó Rainha?" Você me conhece! – Por que você se torna como aquela que não me reconhece?

Eu lhe dei a iniciação e o mantra.

Ó Rainha, meu nome é Gyani. Eu vou matar e destruir Kal. Quando Kal veio como Takshak para a devorar, eu vim e a salvei.

Saia da cama e toque meus pés. Desista do seu ego. Eu vim agora para levá-la e lhe dar o vislumbre de Deus".

Então Indra Mati olhou para os sinais, como o seu Senhor lhe havia dito. Ela ficou surpresa olhando para as três linhas, que eram nas cores amarela, branca e vermelha.

Notando a fronte estreita, ela olhou novamente, e suas dúvidas foram esclarecidas.

Ela disse: "Doot (mensageiro), volte para o seu país, pois agora eu reconheci a sua forma.

Mesmo que o corvo coloque um monte de maquiagens, como pode ele ter a beleza do Cisne?

Então eu vi a sua forma; meu Mestre é competente".

Ao ouvir isso, o Mensageiro ficou irritado e disse a Indra Mati:

"Novamente e novamente eu estou explicando a você, mas você não entende – seu intelecto foi embora!"

Dizendo estas palavras, ele chegou perto Indra Mati e a esbofeteou.

Ele bateu em seu rosto, e a Rainha caiu no chão.

Então Indra Mati fez a Memorização do Nome de Deus (*Simran*) e disse: "Ó Mestre, Gyani, me ajude!

De muitas maneiras Kal tem me assediado. Ó Senhor, corte o laço de Yama!"

Kabir disse a Dharam Das:

Eu não poderia ficar longe depois de ouvir o seu chamado: Ouça, Dharam Das, esta é a minha natureza.

Quando a rainha me chamou, em um momento eu já estava lá.

Vendo-me, ela ficou feliz e o medo de Kal fugiu de sua mente.

Quando cheguei lá Kal foi embora e o corpo da rainha foi purificado.

Então Indra Mati, cruzando as mãos, disse: "Ó Deus, ouça um pedido meu:

Agora eu reconheci a sombra de Yama, e eu não viverei mais nesta terra.

Ó Senhor, leve-me para o meu próprio país, pois aqui há muitos sofrimentos de Kal".

Depois de dizer isso, ela ficou triste e disse: "Leve-me para Sat Purush agora mesmo!"

Kabir disse a Dharam Das:

Primeiro de tudo eu tomei a Rainha comigo e concluí o assunto do difícil Kal.

Certo de que o karma de seu destino foi pago, eu então fui para Sat Lok, levando a Rainha.

Eu a levei para Mansarovar, que a encheu de assombro.

Eu a fiz saborear o néctar da Piscina do [templo de] Amrit, e depois eu coloquei seus pés no Oceano de Kabir (*Kabir Sagar*).

Mais além está o Oceano da Surat. Chegando lá, a Rainha tornou-se pura.

Quando eu a fiz ficar na porta de Sat Lok (o Paraíso), a rainha ficou muito feliz olhando para ele.

As almas vieram e a abraçaram, cantaram a canção de boas-vindas e realizaram o *arti*.

Todas as almas a honraram e disseram: "Você é uma alma abençoada que percebeu o Satguru.

É bom que você esteja livre da armadilha de Kal, e toda a sua dor e sofrimento tenha acabado.

Alma, venha conosco, temos o vislumbre de Sat Purush, e abaixe sua cabeça para Ele.

Indra Mati, venha conosco e receba o vislumbre de Sat Purush".

Indra Mati juntou as outras almas e, emocionada, cantou a canção da felicidade.

Todas as almas estão caminhando e rezando pelo vislumbre de Sat Purush.

Então eu roguei a Sat Purush, "Agora dê-me o Seu vislumbre às almas que se aproximaram.

Dê-lhes o seu vislumbre, Ó Din Dayal. Seja gentil com eles, Ó Libertador".

Em seguida, a Flor desabrochou e estas palavras foram ouvidas:

"Ouça, Ó Gyani, Yog Santayan!

Traga as almas e faça-as terem o vislumbre".

HINO

Então Gyani foi para perto das almas e levou todas elas.

As almas tornaram-se belas depois de receberem o vislumbre de Sat Purush.

Depois de se curvarem, todas elas voltaram sua atenção a Sat Purush.

Então, Ele deu alguns frutos do Néctar, que foram recebidos por todas as almas.

DUETO

Assim como as flores de lótus receberam a luz do sol,

Da mesma forma, os sofrimentos das almas de eras e eras terminaram, após receberem o vislumbre de Sat Purush.

A PERPLEXIDADE INDRA MATI, APÓS ATINGIR SAT LOK, AO ENCONTRAR KARUNAMAI E SAT PURUSH DA MESMA MANEIRA

Quando a rainha viu a beleza maravilhosa de Sat Purush, e o vinho de Néctar,

Ela tornou-se submissa e se prostrou aos seus pés, pois sua alma estava cheia de sabedoria e boas qualidades.

Ele colocou ambas as mãos sobre sua alma, e ela tornou-se feliz como o lótus florescendo sob a luz do sol.

A rainha disse: "Bendito és Tu, Ó Karunamai [a encarnação anterior de Kabir], que me trouxe aqui após findar a minha ilusão."

Então Sat Purush disse à Rainha, "Vá e chame Karunamai".

Kabir disse a Dharam Das:

Ela veio até mim e, olhando para a minha forma, ela, a minha serva, ficou perplexa.

A rainha disse: "Isto é surpreendente! Eu não consigo ver qualquer diferença.

Seja qual for as qualidades que eu tenha visto em Sat Purush, em Karunamai eu também vejo cada uma delas!"

Correndo, ela – a alma sábia – tocou Seus pés e disse, "Ó Senhor, agora eu conheço todas as suas características.

Você é o Sat Purush e Você chamou a si mesmo de servo. Onde você escondeu esta Glória?

Em minha mente eu sei disso com certeza: que Tu és o Sat Purush e ninguém mais o é.

Eu vi isso após ter vindo aqui. Saúdo Você, Ó Competente, Quem me despertou.

HINO

Ó Morada da Misericórdia, Você é o Abençoado. Seu sábio Nome (*Naam*) é quem remove as preocupações.

Você é indescritível, inabalável, imortal, estável, puro, glorioso e infindável.

Você é sem qualquer dúvida, altruísta, o suporte do mundo, sem nome, firme e indestrutível.

Ó Senhor, Tu és o começo de tudo, e o criador de todas as criaturas.

DUETO

Você derramou a graça em mim e me acordou, entendendo-me como a Si próprio.

Você cortou o laço de Yama e me trouxe para o Oceano da Felicidade".

Kabir disse a Dharam Das:

Em seguida, o Lótus se fechou, e todas as almas foram para as suas moradas.

Gyani disse à Rainha, "Fale-me, Ó alma, sobre si mesma.

Agora a sua dor e complicações terminaram, e a sua beleza tornou-se como dezesseis sóis.

Tal graça de Sat Purush foi derramada sobre você! – Ele acabou com a sua dúvida e dor".

O PEDIDO DA INDRA MATI PARA TRAZER SEU MARIDO, O REI CHANDRA VIJAY, PARA SAT LOK

Dobrando as duas mãos, Indra Mati disse: "Ó Senhor, eu tenho um pedido.

Eu cheguei aos seus pés por causa da minha boa sorte, e vim aqui e tive o vislumbre de Sat Purush.

Meu corpo agora é muito bonito, mas dentro de mim agora reside uma aflição.

Eu sou controlada pelo apego com o Rei, que é o meu marido.

Ó Esposo das Almas, vá e traga-o! – Caso contrário, o meu Rei irá para a boca de Kal".

Gyani disse: "alma esclarecida! O Rei não tem o passaporte.

Agora você tem a forma de *Hansa* (Cisne), por que você está chamando o rei?

Ele não fez a devoção; ele vagou pelo mundo sem a Verdade".

"Ó Senhor, vivendo no mundo eu fiz a devoção a ti de muitas maneiras.

O rei sabia da minha devoção, e ele, o sábio, nunca me impediu de fazê-la.

A natureza do mundo é muito difícil.

Se, deixando o marido, a esposa vai para outro lugar, todo o mundo a chama por nomes obscenos e, ouvindo isso, o marido a mata.

O trabalho do Rei envolve muito nome e fama, hipocrisia, raiva e esperteza – Mas quando eu o usei para servir os Sábios (*Sadhus*) e Santos, o Rei não teve medo de ninguém.

Quando eu servia aos Santos, o Rei se tornava feliz ao ouvi-lo.

Se o rei não tivesse me permitido fazer a devoção, então, Ó Senhor, como é que o meu trabalho teria sido feito?

HINO

Eu era a amada do Rei e ele nunca me impediu.

Diariamente eu servia os Sábios (*Sadhus*) para obter o caminho para o Nome Sagrado.

Se o Rei tivesse me proibido, como é que eu teria alcançado os Seus Pés?

Eu não teria recebido a bebida da Palavra, então como o meu trabalho seria feito?

DUETO

Grande é o Rei sábio. Traga a sua alma.

Você é o Mestre – a Morada da Misericórdia – por favor corte os laços do rei".

Kabir disse a Dharam Das:

Ao ouvir isso Gyani riu, e sem demora, ele partiu.

Rapidamente ele foi para Garh Girnar, uma vez que o tempo da morte do Rei se aproximava.

Ele estava cercado por Yamraj (Kal, o deus da morte), que estava lhe infligindo muita dor.

O rei estava em apuros. Chegando lá, o Mestre Sagrado o chamou,

Mas Yamraj não soltou o Rei. Ó Irmão, isso é o que acontece sem a devoção:

Quando o tempo estiver concluído, Yama atormenta a alma com grande intensidade.

Rapidamente eu peguei a mão de Chandra Vijay e fui a Sat Lok.

Vendo o rei, a rainha chegou perto dele e tocou seus pés.

Indra Mati disse: "Ouça, ó rei. Reconheça-me que eu sou a sua esposa".

O rei disse: "Ouça, alma sábia! Sua beleza é como dezesseis luas e sóis.

Cada parte sua está brilhando. Como posso chamá-la de minha esposa? Você fez muito bem a devoção e também me salvou.

Aclame o Mestre, que a fez determinada na devoção. E com a sua devoção eu alcancei meu Verdadeiro Lar.

Por inúmeros nascimentos eu fiz boas ações, e assim obtive uma mulher com um bom karma.

Eu mantinha a minha mente no reino, e não poderia alcançar a devoção do Mestre Sagrado (*Satguru*).

Se você não tivesse sido a minha esposa eu teria ido para o inferno. Eu não posso descrever as suas qualidades.

Aclamem o Grande Mestre pela mulher que eu consegui!

Assim como eu tenho uma esposa como você, que possam todos obter uma esposa assim".

Kabir disse a Dharam Das:

Ouvindo estas palavras o Gyani riu, e então falou com Chandra Vijay:

"Ouça, Rei, você é um sábio. A alma que aceita a Palavra (*Shabda*) Vai para a Corte de Sat Purush, e nunca vê o mundo novamente.

Os homens e mulheres que me obedecem, assumem a forma do Cisne (*Hansa*)".

O Rei contemplou a Forma e recebeu o Darshan de Sat Purush e, tomando a forma do Cisne (*Hansa*), tornou-se muito bonito.

O rei obteve a beleza de dezesseis sóis com a beleza da luz da lua.

Dharam Das disse:

HINO

Dharam Das fez este pedido: Diga-me mais sobre as almas nas Eras (*Yugas*).

Grande é a Palavra, Ó Senhor, pelo qual o Rei foi estabelecido em Sat Lok.

Mesmo que o rei não tivesse aceitado a Verdade, Sua devoção o teria levado lá.

Por causa da Glória da Devoção de sua esposa, Você levou o Rei para longe de Yamraj.

DUETO

Grande é a sabedoria da mulher que chamou o marido para lá!

Suas idas e vindas terminaram, e ele não veio novamente ao mundo.

Ó Senhor, o que Você fez depois disso?

Conte-me essa história, Ó Todo Competente.

Como você chegou novamente no oceano do mundo?

Diga-me isso, Ó Senhor das Almas.

Kabir disse a Dharam Das:

Ó Dharam Das, quando eu vim para o mundo eu levei o marido da Rainha para Sat Lok.

Deixando-o lá, eu vim imediatamente para o mundo de novo: eu fui para a cidade de Kashi.

Dando a Palavra para Sudarshan Supach, eu o despertei.

A HISTÓRIA DE SUPACH SUDARSHAN

Lá eu fiz viver um *supach* [pessoa de baixa casta] cujo nome era Sudarshan. Eu o tornei firme na Palavra Sagrada (*Sat Shabda*).

Ele era um Santo, sábio e belo, que reconheceu o Nome Sagrado após uma reflexão, e uniu-se a ele.

Ele aceitou as minhas palavras com firmeza e, acreditando nelas, seus apegos foram cortados.

Eu lhe dei a Bebida da Palavra, a Mensagem da Libertação, e terminou todo o seu sofrimento vindo de Kal.

Eu lhe dei a *Shabda Dhyan* (Palavra da Meditação) e o fiz firme nela, e ele felizmente fez a Memorização da Palavra (*Shabda*) do Nome de Deus com toda a sua atenção.

Com sinceridade ele fez a devoção ao Mestre Sagrado, abandonando todos os enganos e espertezas.

Seu pai e sua mãe ficaram muito felizes, e em seus corações eles tiveram grande amor por ele.

Ó Dharam Das, este mundo é trevas. Sem o conhecimento, a alma se torna serva de Yama.

Observando a devoção a alma se torna feliz, mas ele não recebe a minha Palavra.

O tolo não me reconhece, mesmo depois de me ver, e ele cai na complexa armadilha de Kal.

Como o cão absorve as coisas impuras, da mesma forma as pessoas do mundo deixam o Néctar e se afundam no Veneno.

O Rei Yuddhistra era um rei na Terceira Idade que realizou o *Yajna* (Ritual da Expiação).

Matando seus irmãos, ele caiu em desgraça, e então ele pensou em realizar o Yajna.

Quando eles obtiveram a permissão de Krishna, os Pandavas [os cinco filhos de Pandu] trouxeram o que era necessário.

Todo o material para o Yajna foi trazido, e todos os Sábios nas proximidades foram chamados.

Krishna disse aos Pandavas, "Saiba que o seu Yajna estará concluído quando você ouvir o sino no céu.

Então você obterá os frutos completos do Yajna".

Todos os *sanyasis* [guerreiros], *vairagis* [desapegados], brâmanes e *brahmacharis* [castos] vieram.

Foram preparados diferentes tipos de comida, e com grande amor todos eles comeram.

Todos eles comeram como seria de se esperar, mas o sino não soou, e o Rei ficou envergonhado.

Quando o sino não soou no céu o rei ficou espantado, e o seu bom senso o abandonou.

Todos os grandes *rishis* [poetas inspirados] comeram, mas, mesmo assim, o sino não soou, e o Rei ficou confuso.

Em seguida, os Pandavas foram para Krishna e perguntaram-lhe sobre as dúvidas que estavam em suas mentes.

Yuddhistra [um dos Pandavas] disse:
"Tenha compaixão de nós e diga-nos, Ó Yaduraja, por que o sino não tocou."

Krishna lhe disse o motivo: "Um dos sábios não comeu a comida."
Os Pandavas ficaram surpresos e disseram: "Milhões de sábios comeram a comida.

Agora, Ó Senhor, onde podemos encontrar o sábio que não comeu? Diga-nos, Ó Yadunata".

Krishna disse:
"Traga Supach Sudarshan, e o alimente com respeito. É ele o único sábio – ninguém mais o é.

Seu Yajna será concluído apenas por meio dele".

Kabir disse a Dharam Das:
Quando receberam as ordens de Krishna, os Pandavas foram até ele.

Eles trouxeram Supach Sudarshan, e o alimentaram com respeito e amor.

Quando Ele comeu no palácio do Rei, o sino tocou no céu.

Quando o devoto, Supach, comeu de um pedaço, a campainha tocou com a Glória da Palavra.

Ainda assim, eles não reconheceram a Palavra do Mestre sagrado, pois seus intelectos tinham sido vendidos no mercado de Kal.

Kal perturba até mesmo as próprias almas devotadas a ele. Ele devora aqueles que lhe são dedicados, e aqueles que não são.

Primeiro Krishna aconselhou os Pandavas, e os fizeram os assassinos dos irmãos.

Em seguida ele culpou os Pandavas e, para remover a culpa, ele os fez realizar o Yajna.

Mesmo depois disso, ele lhes infligiu dor. Enviando-os para o Himalaia, ele causou suas quedas.

Os quatro irmãos e Draupadi [a esposa dos quatro irmãos Pandavas] foram destruídos: Yuddhistra [o Rei Pandava] foi salvo por causa de sua honestidade.

Ninguém era tão querido como Arjuna [um dos quatro Pandavas], mas ele também recebeu esse tratamento.

Bali Hari Chandra e Karan eram grandes doadores, mas Kal os arruinou também.

As almas insensatas creem nele. Esquecendo-se do esposo, elas vão para quem as devora.

Kal apresenta muitos truques e, em seguida, coloca as almas em uma condição miserável.

As almas esperam por ele, considerando-o como seu libertador, e por causa dessa esperança, elas vão para a boca de Kal.

Kal faz todos dançarem – nem os devotos nem os não-devotos escapam dele.

Eles não procuram por Aquele que é o Protetor, e, sem reconhecê-lo, eles vão para a boca de Yama (Kal).

De novo e de novo eu expliquei o caminho espiritual e adverti as almas.

Mas Yama tirou o intelecto de todos e, criando uma armadilha, aprisionou todas as almas.

Ninguém examina o Nome Sagrado e, apoiando Yama, eles lutam contra mim.

Até que uma delas encontre o Nome de Sat Purush, a dor dos

nascimentos e mortes não terminam.

Por causa da glória de Sat Purush, elas vão para Purush, caso contrário Kal as devora por meio da palavra falsa.

Quando elas obtêm a iniciação no Nome de Sat Purush, derrotando Kal, elas vão para o Lar Imortal.

HINO
Ó Dharam Das! As almas vão para Sat Lok devido à glória do Nome Sagrado.

Suas dores dos nascimentos e mortes terminaram, e elas não entrarão neste mundo novamente.

Quando as almas olham a forma de Sat Purush elas se tornam felizes.

Então todas as almas ficam entusiasmadas, tal como as flores do lírio olhando para a lua.

DUETO
Tal como o lírio fica feliz olhando para a lua à noite, da mesma forma as almas tornam-se felizes por receberem o *darshan* (vislumbre) de Sat Purush.

Elas não ficam tristes; elas permanecem para sempre em um estado de felicidade.

As almas estão sempre felizes e nem sequer por um momento elas têm tristezas, apegos e sofrimentos.

Quando o recebimento de Sudarshan terminou eu levei este valente para Sat Lok.

Ele viu a beleza e a glória, e ficou animado por estar com os outros cisnes (*hansas*).

Ele recebeu a beleza de dezesseis sóis, e recebendo o vislumbre de Sat Purush, ele se tornou um comigo e com os outros *hansas* (cisnes).

Dharam Das disse:
Ó Senhor, eu tenho um pedido para você, meu Esposo, Ó Kabir, o Libertador.

Após o envio do devoto, Sudarshan, para Sat Lok, aonde você foi, Ó Senhor?

Ó Mestre Sagrado (*Satguru*), me diga isso de modo que, ouvindo Suas palavras cheias de Néctar, minhas suspeitas possam ir embora.

5. Na Kali Yuga:

A Encarnação como Kabir

Kabir disse:

Agora escute, meu amado Dharam Das: Vou dizer-lhe o que aconteceu depois.

A Terceira Idade se foi, e a *Kali Yuga* veio; então, novamente, eu vim para ensinar as almas.

Quando Dharam Rai (Kal) me viu chegando, ele, Yama, ficou intimidado.

Dharam Rai disse: "Por que você inflige essa dor em mim e leva a minha comida para Sat Lok?

Em todas as três idades (ou eras) Você entrou no mundo e arruinou o meu oceano deste mundo.

Sat Purush me deu sua promessa, então como você liberta as almas?

Se qualquer outro irmão tivesse vindo, eu o teria despedaçado e devorado em um segundo.

Meu poder não funciona com você, porque com o seu poder as almas voltam para sua morada.

Agora, novamente você está indo para o mundo, mas ninguém ouvirá seu Nome Sagrado.

Eu criei esses karmas e ilusões ao qual ninguém pode encontrar uma saída.

Eu criei o fantasma da ilusão em todas as casas e, enganando as almas, eu as faço dançarem.

O fantasma da ilusão possuiu todas elas – mas aquelas que o reconhecerem, suas ilusões irão embora.

Todos os seres humanos comem carne e bebem vinho, e todos os tipos de carne são as preferidas deles.

Eu manifestei a minha própria senda, e todos os homens comem carne e bebem vinho.

A adoração de deuses, iogues e espíritos é a ilusão que o mundo tem levado.

Vinculando-as aos muitos tipos de armadilhas, eu as torno

inconsciente no fim dos tempos.

Irmão, Sua devoção é difícil! – Eu estou lhe dizendo que ninguém acreditará nisso".

Gyani disse:

"Ó Dharam Rai, você tem enganado a muitos, e eu conheço todos os seus engodos.

A promessa de Sat Purush não pode mudar – é por isso que você está devorando as almas.

Se Sat Purush me permitisse, então todas as almas se tornariam amantes da Palavra,

E, facilmente tornando as almas conscientes, eu as libertaria.

Você criou milhões de armadilhas, e nos Vedas e Shastras você escreveu sua própria glória.

Se eu venho ao mundo em uma forma conhecida, eu posso libertar todas as almas.

Se eu fizesse isso a promessa seria quebrada. O Nome de Sat Purush é imutável, indestrutível e precioso.

As almas que têm boas qualidades nelas mesmas aceitarão a minha recitação da Palavra (*Shabda*).

Eu vou libertar todas essas almas e cortar seus vínculos, vou levá-las para Sat Lok.

Aquelas que estão em ilusão eu as eliminarei (suas ilusões), e estas não vão cair em suas armadilhas novamente.

HINO

Tornando-as firmes no verdadeiro Nome Sagrado, vou quebrar todas as suas ilusões.

E fazê-los reconhecer seus enganos, pelo Poder da Palavra libertarei a todas.

Aquelas que reconhecerem minhas Verdadeiras Palavras em suas mentes, e focarem o Uno,

Tais almas manterão seus pés em sua cabeça e virão ao plano imortal.

DUETO

Qualquer alma corajosa e sábia que derrotar Kal terminará com o seu orgulho.

Tais almas reconhecerão o sinal do verdadeiro Nome Sagrado com muita alegria.

Dharam Rai (Kal) disse: "Ó Doador da Felicidade para as Almas, explique uma coisa para mim.

Kal não pode chegar perto da alma que depositar sua atenção em Você. Minha mensagem não a atinge, e, depois de falhar, ela (a mensagem) retorna a mim.

Ó Meu irmão, eu não consigo entender isso. Explique o segredo para mim".

Gyani disse:

"Ó Dharam Rai, tudo o que você me pediu, eu vou lhe dizer.

Ouça os sinais da Verdade. O verdadeiro Nome Sagrado é o Libertador.

A Palavra de Sat Purush é a Autoridade oculta que eu manifesto no interior das almas sob a forma da Palavra Sagrada.

As almas que aceitam a minha a Palavra Sagrada cruzam o oceano do mundo.

Quando uma das minhas almas toma a minha Palavra, a força da sua mensagem diminui".

Dharam Rai disse, "Ouça-me, Todo Consciente – Agora derrame a graça em mim, Ó Senhor.

Qual será o Seu nome nesta era? Não esconda isso de mim.

Conte-me o Seu sinal secreto, e fale-me sobre a prática da contemplação.

Por que você está indo para o mundo? Diga-me os segredos sobre isso, um por um.

Eu também despertarei as almas na Palavra (*Shabda*) e as enviarei para o Lok de Sat Purush.

Faça-me o teu servo, e – Ó Senhor – fale-me sobre a essência da Palavra Sagrada!"

Gyani disse:

"Ó Dharam Rai! Como você é fraudulento! Na superfície você diz que é meu servo, e dentro de ti só há simulação.

Eu não vou lhe dar o segredo oculto, uma vez que Sat Purush não me ordenou fazê-lo.

Na *Kali Yuga* Meu nome será Kabir e, ao dizer "Kabir", a alma pode ter certeza que Yama não chegará perto".

Dharam Rai disse: "Você está me escondendo alguma coisa, então eu mesmo executarei um ardil.

Com o meu intelecto eu criarei uma tal ilusão que fará muitas almas virem comigo.

Em Seu nome eu estabelecerei um Caminho, e desta forma enganarei as almas".

Gyani disse:

"Ó Kal, você é tão hostil para com Sat Purush! O que você está me dizendo sobre ilusões?

Seu engodo nada fará às almas que amarão o Nome Sagrado.

A alma consciente me reconhecerá e distinguirá minhas Palavras do Conhecimento das escrituras.

Farei as almas que eu iniciar reconhecer as suas fraudes".

Kabir disse a Dharam Das:

Ao ouvir isso, Dharam Rai (Kal) ficou quieto e desapareceu, indo para casa.

Ó Dharam Das, a criação de Kal é muito complicada. Ele coloca as almas na armadilha após enganá-las.

Dharam Das disse:

Ó Senhor, explique-me o que aconteceu depois.

A HISTÓRIA DO ESTABELECIMENTO DO TEMPLO DE JAGANNATH

Kabir disse a Dharam Das:

Naqueles dias Indradaman era o rei de Orissa. Foi-lhe dito como construir o templo.

Quando Krishna deixou seu corpo, Indradaman teve um sonho. Neste sonho Hari lhe disse: "Construa o meu templo.

Consagre o meu ídolo, Ó rei. Eu vim até você para que faça este trabalho."

Após o rei ter tido este sonho, ele começou a construir o templo.

Mas quando foi concluído, o oceano veio e inundou aquele lugar.

Novamente, quando o templo estava sendo construído, o oceano veio com raiva.

Em um instante ele inundou tudo, e partiu o Templo de Jagannath.

Ele construiu o templo seis vezes e o oceano sempre veio correndo para inundá-lo. Depois de tentar muitas coisas o rei ficou cansado.

Ó irmão, o Templo de Krishna não foi concluído. Vendo esta condição do templo,

Lembrei-me de minha promessa anterior que tinha feito para Kal, o Injusto.

Forçado pelo meu juramento eu fui até lá.

Sentei-me na margem do oceano, mas nenhuma alma me reconheceu. Na margem do oceano Eu fiz uma plataforma.

Então Indradaman teve este sonho: "Ó Rei, agora inicie o seu trabalho.

Não tenha nenhum receio sobre o templo, Ó rei, pois eu vim aqui apenas para este trabalho.

Vá tranquilamente e tragar as pessoas de novo. Creia e obedeça as minhas palavras."

O Rei começou a trabalhar e concluiu o templo, olhando para o oceano que vinha.

Então, novamente a onda do mar se levantou, e veio com fúria.

O mar estava vindo com tanta raiva que parecia que o Templo de Purushottam não resistiria.

As ondas furiosas tocaram o céu, e então o oceano chegou perto da plataforma.

Quando o oceano recebeu o meu vislumbre, ele parou ali com muito medo.

Tomando a forma de um *brahmin,* o oceano chegou até mim.

Tocando os meus pés, ele abaixou a cabeça. Ele não conseguiu o meu segredo.

O oceano disse:

"Ó Senhor, eu vim aqui para inundar o Jagannath. Perdoe o meu pecado. Agora eu consegui o seu segredo.

HINO

Ó Senhor, Ó Misericordioso dos pobres, permita-me vingar de Raghupati.

Dobrando minhas mãos, eu lhe suplico, Ó Protetor: faça-me uma promessa.

Quando Raghubir foi para Lanka, ele fez uma ponte sobre o oceano e foi para o campo de batalha.

Se alguém fosse lá para detê-lo, Alakh Niranjan os assustava com ameaças de vingança.

Senhor, tenha misericórdia de mim e ouça minhas razões para a procura de vingança".

Kabir disse:

"Oceano, eu entendo a razão de você se vingar; então vá e inunde a cidade de Dwarka."

Ouvindo isto o oceano tocou meus pés e, curvando sua cabeça, partiu alegremente.

Ondas furiosas do mar, em seguida, vieram e inundaram a cidade de Dwarka.

O trabalho de construção do templo foi concluído, e Hari foi estabelecida.

Então Hari deu este sonho ao sacerdote: "O devoto (*Das*) Kabir veio até mim.

Ele construiu essa plataforma na costa do oceano. As ondas furiosas do oceano vieram.

Tendo o vislumbre de Kabir, o oceano parou, e desta forma o meu templo foi salvo".

O sacerdote chegou à costa e, após o banho, voltou para o templo.

Primeiro ele, o desprezível, lhe deu o seu vislumbre, e o envolveu em hipocrisia.

Eu não recebi o vislumbre de Hari, então eu voltei para a minha plataforma.

Então eu criei algum dano. Eu direi a você – não esconderei nada de você.

Quando o sacerdote foi para adorar no templo, aconteceu isto lá:

Todos os ídolos que estavam no templo transformaram-se na forma de Kabir!

O sacerdote viu todos os ídolos surgindo na forma de Kabir.

O brâmane, que estava ofertando arroz e flores, ficou espantado e disse: "Este não é Deus! Eu não vou adorar isso, Ó irmão".

Vendo esse mistério o brâmane inclinou a cabeça: "Ó Senhor, eu não entendo o seu segredo".

O sacerdote disse:

"Eu não obedeci suas palavras, é por isso que você mostrou esse mistério a mim – Ó Senhor, eu lhe peço, juntando as duas mãos, que perdoe os meus pecados".

Kabir disse:

"Ó brâmane, ouça isso atentamente. Eu vou lhe dizer uma palavra.

Você adora o Senhor, oferecendo pensamentos e dualidade. A alma que se alimenta de ilusão se tornará defeituosa.

Aquele que come este alimento e acredita na intocabilidade, este será pendurado de cabeça para baixo".

DUETO

Depois de dar o Conhecimento Da remoção da ilusão naquela plataforma, eu saí de lá. Ó Dharam Das, escute isso atentamente.

Dharam Das disse:

Ó Perfeito Satguru, com a Sua graça toda a minha dor desapareceu.

Ó Senhor, tu me contaste como foste para estabelecer Hari.

Depois disso, para onde você foi, e quais almas Você libertou, e como?

Conte-me sobre o efeito da *Kali Yuga* e sobre as almas que Você despertou.

Descreva-me isso, Ó Mestre Divino (*Gurudev*), e diga-me quais almas o serviram.

Kabir disse:

Ó Dharam Das, uma vez que você me pediu isso, eu vou lhe contar tudo sem interrupções.

A HISTÓRIA DO ESTABELECIMENTO DOS QUATRO MESTRES

Ouça, Ó Santo, este belo conhecimento. Eu dei o entendimento ao Rei de Gajthaldesh.

Rai Banke Ji

Rai Banke Ji era o seu nome, a quem dei a Palavra Sagrada (*Sat Shabda*).

E o o fiz o Libertador das Almas, e então ele libertou a muitos.

Sahte Ji

Então eu fui para a Ilha Shilmili onde iniciei Sahte Ji, um santo.

Quando ele me reconheceu como dele, eu lhe dei também a autoridade para libertar.

Chatur Bhuj

A partir daí, Ó Dharam Das, eu fui para o lugar onde o rei Chatur Bhuj estava vivendo.

Seu país era Darbhanga. Estando em companhia da Verdade, ele me testou.

Quando eu vi que ele estava totalmente no meu refúgio, eu lhe expliquei a maneira de fazer a devoção, e ele a fez firmemente.

Olhando a sua determinação Eu o iniciei, uma vez que ele desistiu de todo o seu ego e ilusões.

Ele não estava ligado a Maya (o demônio das ilusões), e então lhe dei o Nome Imortal.

Para ele eu também lhe dei a autoridade para libertar, que Chatur Bhuj também recebeu, tendo amor pelo Nome Sagrado.

Ao aceitar o Conhecimento, a alma tornou-se pura, e, aceitando a Palavra, ela despertou.

Desistindo das limitações da família e dos prazeres, o conhecedor recebe as boas qualidades.

Chatur Bhuj, Banke Ji e Ji Sahte, e você é o quarto – Vocês quatro são Libertadores de almas – eu digo isso com certeza.

DUETO

Segurando seu braço, as almas da Ilha Jumbu (antigo nome da Índia) podem me encontrar.

Kal não pode possuir aqueles que aceitam e se tornam firmes nas Palavras do Amado.

Dharam Das disse:

Ó Satguru, Você é o Grande que me acordou, e me libertou da armadilha de Kal.

Eu sou um servo, servo de Seus servos, e Você cortou a armadilha de Yama para mim.

Meu coração está cheio de felicidade, e eu não posso descrever as Suas qualidades.

Bem-aventurada é a alma que acredita em seu Nome Sagrado, e afortunado é aquele que o pratica.

Eu sou um pecador, torto e cruel, que para sempre permanece inconsciente enquanto a minha alma está em ilusão.

Por que Você me despertou? Devido ao resultado da boa ação por ter recebido o seu vislumbre?

Explique-me: faça florescer a minha mente, Ó Senhor das Almas, tal como o lótus floresce quando o sol brilha".

A HISTÓRIA DOS NASCIMENTOS ANTERIORES DE DHARAM DAS

Kabir disse:

Uma vez que, tendo este desejo, você me perguntou, eu não esconderei nada de você.

Ó Dharam Das, ouça o que aconteceu no passado, isso que eu estou explicando a você.

Sant Sudarshan viveu na Terceira Idade, cuja história eu já lhe disse anteriormente.

Quando eu o levei para o Lar Verdadeiro, ele me fez este pedido:

Supach disse: "Ó Satguru, ouça-me: Liberte minha mãe e meu pai.

Ó Senhor, vá e os liberte, já que eles estão sofrendo muito na terra de Yama.

Expliquei ao meu pai de muitas maneiras, mas minha mãe e meu pai não acreditaram em mim.

Eles me consideravam uma criança e não aprenderam o Conhecimento, embora eles não me ameaçaram para que eu parasse com a devoção.

Quando eu comecei a fazer a Sua devoção, eles nunca se opuseram a mim.

Eles estavam sempre satisfeitos comigo. É por isso que, Ó Senhor, eu faço este pedido a você.

Traga-os depois de fazê-los firmes na Palavra Sagrada (*Sat Shabda*) e, cortando suas amarras, liberte suas almas".

Kabir disse a Dharam Das:

Quando o Santo muito me implorou, eu aceitei suas palavras.

Devido ao seu pedido, eu vim novamente ao mundo, e, na *Kali Yuga*, fui chamado pelo nome Kabir.

Eu fiz uma promessa para Niranjan, e então eu vim ao mundo.

Depois de ensinar as almas em outros planos, eu entrei na Ilha Jumbu (antigo nome da Índia).

O nome da mãe de Sant Sudarshan era Lakshmi, e seu pai se chamava Har.

Ó Irmão, eles deixaram seus corpos perecíveis, e receberam novamente o corpo humano.

O primeiro nascimento dos pais de Supach Sudarshan como Kulpati e Maheshwari

Pela Glória de Sant Sudarshan eles nasceram em uma família brâmane,

Ambos nasceram, e novamente eles estavam unidos.

O brâmane foi chamado pelo nome de Kulpati, e o nome da mulher era Maheshwari.

Ela estava completamente controlada pelo desejo de ter um filho, e costumava jejuar após o banho para agradar ao deus sol.

Certa vez ela cobriu a cabeça com o sari e, cruzando as mãos, chorando, ela orava,

E então eu vim. Olhando para mim ela ficou muito feliz.

Tomando a forma de uma criança, eu a conheci. Ela me levou para a casa dela.

Ela disse que o Senhor havia derramado bênçãos sobre ela, e dera o fruto do seu jejum para o deus sol.

Durante muitos dias fiquei lá, e tanto o marido quanto a esposa me serviram.

Eles eram pobres e muito infelizes, por isso em minha mente eu pensei:

Primeiro acabo com a sua pobreza, e, em seguida, falo as palavras de devoção e libertação.

Cada vez que eu fazia balançar do berço eles recebiam uma moeda de ouro.

Diariamente, uma vez que eles conseguiam suas moedas, eles se tornavam muito felizes.

Então eu falei sobre a verdadeira Palavra (*Shabda*), e de muitas maneiras expliquei a eles,

Mas o Nome Sagrado não habitava seus corações. Eles não acreditavam no conhecimento de uma criança!

Eles não me reconheceram naquele corpo, e então eu desapareci.

O segundo nascimento aos pais de Supach Sudarshan como Chandan Sahu e Udha

Tanto o brâmane quanto sua esposa deixaram o corpo (ou seja, morreram) e, por não terem tido o meu vislumbre, eles novamente entraram em corpos humanos (reencarnaram).

Mais uma vez os dois se reuniram e viveram na cidade cujo nome era Chandawara.

O nome da mulher era Udha, e o nome do homem era Chandan Sahu.

Mais uma vez eu vim do Grande Sat Purush e apareci em Chandawara.

Naquele lugar eu tomei a forma de uma criança e estava descansando em uma lagoa.

Sentei-me sobre as folhas oleosas do lótus, e fiquei lá por vinte e quatro horas.

Então Udha foi até lá para tomar banho, e, olhando para a bela criança, ela foi atraída.

Naquele corpo de uma criança, eu lhe dei o meu vislumbre, e ela levou a criança para a sua casa.

Quando ela levou a criança para casa, Chandan Sahu disse:

"Diga-me, mulher, de onde você tirou essa criança, e por que a trouxe aqui?"

Udha disse: "Eu tirei essa criança da água, e, olhando para a sua beleza, eu gostei dela".

Chandan disse: "Ó mulher tola! Volte depressa e deixe a criança lá!

Nossos parentes e vizinhos vão rir de nós, e de suas risadas virá a tristeza".

Kabir disse a Dharam Das:
Quando Chandan Sahu ficou chateado com ela, Udha aceitou e ficou assustada.

"Ó serva Udha, levante a criança e jogue-a na água".'

Kabir disse a Dharam Das:
A serva pegou a criança e pensou em como jogá-la;
Quando ela começou a me jogar, eu desapareci.
Quando eu desapareci de suas mãos, ambos choraram ansiosamente.
Perturbados em suas mentes e mudos de espanto, eles vagaram aqui e ali procurando por mim.

Os pais de Supach Sudarshan em seu terceiro nascimento como Nima e Niru

Desta forma, muitos dias se passaram. Eles deixaram seus corpos e nasceram novamente.

Eles tomaram o corpo humano e nasceram em uma família muçulmana de tecelões, e novamente os seus karmas o trouxeram juntos.

Eles viviam na cidade de Kashi e seus nomes eram Nima e Niru, os tecelões.

No dia da lua cheia no mês de Jyeshth (maio-junho), Nima foi andando pela estrada.

Ela estava andando na estrada com muitas outras mulheres, e chegou ao lugar onde elas pegavam sua água diariamente.

Na lagoa eu estava sentado em forma de uma criança sobre uma folha de lótus.

Eu estava deitado lá como uma criança, jogando brincadeiras infantis.

Nima olhou para aquele lugar, e, vendo-me, ela me amou.

Como as flores de lótus olhando para o sol, e como o pobre luta para obter a riqueza, ela correu e levantou a criança, e a trouxe para Niru.

Também desta vez, o tecelão ficou furioso: "vá depressa e mande esta criança embora!"

Mas a mulher estava feliz, e eu considerei isso com cuidado, e eu disse essas palavras a ela:

HINO

"Ó Nima, ouça as minhas palavras, pois eu vou explicar a você:

Por causa do amor no passado, eu vim aqui para lhe dar o vislumbre.

Leve-me para sua casa e, se você me reconhecer e me aceitar como seu Mestre,

Vou lhe dar a Palavra e fazer você ficar firme nela, e então você não cairá no laço de Yama".

DUETO

Ao ouvir as minhas palavras, ela perdeu o medo de Niru.

Ela me levou para a sua casa assim que eu cheguei à cidade de Kashi.

Sem qualquer medo, ela me levou para casa, como o pobre leva a riqueza à sua morada.

Olhando para o apego da mulher, o tecelão permitiu:

"Abrigue-o"

Por muitos dias eu morei lá, mas de modo nenhum eles acreditaram em mim.

Por muitos dias eu vivi em sua casa, mas eles, considerando-me como uma criança, não aceitaram o Nome Sagrado, nem permitiram que habitasse em seus corações.

No quarto nascimento, os pais de Supach Sudarshan nascem em Mathura e vão para Sat Lok

Sem fé, o trabalho não pode ser feito: É por isso que a pessoa deve ter uma fé firme.

Naquele corpo eles não me reconheceram; eles pensavam em mim como seu filho, e eles não me acompanharam.

Ó irmão, eu vou lhe dizer sobre o próximo nascimento, quando eles me aceitaram:

Quando seu tempo como tecelões terminou, eles foram para Mathura e lá nasceram.

Eu fui até lá e lhes dei o vislumbre; eles acreditaram e aceitaram o a minha Palavra Sagrada.

Ambos, esposa e marido, depois de obterem a Palavra, fizeram a devoção com sinceridade.

Para eles, eu dei uma morada em Sat Lok. Desta forma os meus discípulos voltaram ao seu lugar de origem.

Eles mantiveram sua mente nos pés de Sat Purush, e eles tiveram o corpo e a glória do Cisne.

Olhando para os Cisnes (*Hansas*), Sat Purush ficou, e então Ele disse a Sukrit:

"Por muitos dias você permaneceu em Sat Lok, e por todo esse tempo Kal tem incomodado as almas."

Ó irmão, as almas sofreram muito – e então Sat Purush chamou Sukrit.

Ele lhe ordenou: "Vá pelo mundo porque Kal, o forte, está infligindo dor às almas.

Vá e diga-lhes a mensagem de Sat Lok. Dê a Palavra para as suas almas e liberte-as".

Ouvindo as ordens, Sukrit ficou feliz e imediatamente ele veio, saindo de Sat Lok.

Olhando para Sukrit, Kal ficou feliz: "Eu vou prendê-lo."

Em seguida, Kal fez muitos truques, e prendeu Sukrit, jogando-o na água.

Quando muitos dias se passaram, sem uma alma sequer ter derrotado Kal,

O chamado das almas foi ouvido em Sat Lok. Então Sat Purush me enviou.

A vinda de Kabir Sahib para a Terra vindo de Sat Lok para iniciar Dharam Das Ji

Em seguida, veio o Som de Sat Purush: "Ó Gyani, vá depressa ao mundo!

Pelo bem das almas Eu enviei a minha Essência – Sukrit se manifestou no mundo.

Irmão, eu lhe dei as minhas ordens e expliquei totalmente o segredo da Palavra (*Shabda*).

Eu disse a ele para dar às almas a ajuda da Palavra e trazê-las de volta para casa após fazê-las atravessar o oceano da vida.

Ao ouvir a ordem ele foi, mas não voltou ao País da Paz, Sat Lok.

Sukrit foi para o oceano do mundo e, sendo capturado por Kal, ele esqueceu.

Ó Gyani, vá e o desperte de modo que o Caminho da Libertação possa continuar.

Na casa de Sukrit minhas quarenta e duas essências serão encarnadas.

Ó Gyani, vá depressa e corte os laços que prendem Sukrit".

Kabir disse:

Curvando minha cabeça a ele eu parti e, Dharam Das, agora eu vim até você.

Você é a encarnação de Niru, e Amin é a encarnação de Nima.

Você é a minha muito querida alma ao qual eu me preocupava tanto.

Com as ordens de Sat Purush Eu vim até você, e lhe fiz lembrar as coisas anteriores.

Eu te dei o vislumbre só por causa disso. Ó Dharam Das! Desta vez você me reconheceu.

Vou dizer-lhe as palavras de Sat Purush: "Reconheça o Nome Sagrado e tenha fé."

Dharam Das caiu aos seus pés, e de seus olhos as lágrimas vieram.

Seu entusiasmo cresceu, e ele disse: "Ó Senhor, Você acabou com o engano de minha alma".

Mesmo depois de explicar tudo isso, ele não podia se acalmar: ele era como uma mãe que, após ser separada de seu filho, o reencontrou.

Colocando a cabeça no chão, ele tocou ambos os Pés. Ele estava muito extasiado, e não podia ficar em pé após ter se levantado.

Ele estava chorando e não falou, e sua atenção não se desviou nem um pouco dos seus Pés.

Depois de olhar para o seu Corpo, novamente ele pegou os Pés. Ele estava oprimido, e não podia falar.

Ele estava chorando e não se movia. Ele ficou muito calmo e não abriu seus olhos.

Dharam Das disse:

[Mais uma vez ele pegou os Pés e chorou amargamente:] Ó Senhor, Tu és grande: Tu levantaste o corpo (encarnou novamente) para me libertar.

Em seguida, tendo paciência e controlando a si mesmo: Ó Senhor, Tu vieste para me libertar,

Agora, Ó Senhor, derramaste tamanha graça sobre mim que eu não posso te esquecer nem por um momento.

Dê-me esta bênção: que de dia e de noite eu possa permanecer em seus Pés, e dê-me sua proteção.

Kabir disse:

Ó Dharam Das! Permaneça confiante, e mergulhe na Palavra com amor e fé.

Ao me reconhecer sua ilusão foi embora, e você permanecerá sempre firme no Amor.

Aqueles que aceitam a Palavra em pensamento, palavra e ação, onde poderiam eles ir a não ser para Ele?

Quando alguém não trilha o Caminho ele sofre e, desnecessariamente, culpa o Mestre.

O Mestre explica os bons e maus caminhos, mas porque o discípulo é inconsciente, ele não permite que isso habite seu coração.

Você é a minha essência, e você levará muitas almas para Sat Lok.

Dentre os quatro, você é o mais querido. Por que você está pensando e ponderando?

Não há nenhuma diferença entre você e eu. Observe isso dentro de si mesmo, testando o Nome Sagrado.

Em pensamento, palavra e ação, coloque sua atenção em mim, e não permita que a dualidade vá ao seu coração.

Eu fiz a minha morada dentro de você e, com certeza, eu fiz você pertencer a mim.

HINO

Ó Dharam Das, eu o fiz meu. Permaneça tranquilo em seu coração.

Eu lhe dei a Palavra Permanente. Tornando-se firme nela, liberte as almas.

A Oferta de Sat Purush, que é a Palavra Encarnada e a Doadora da Libertação, é a Essência.

Ao concentrar a atenção em um só lugar, a alma se liberta.

DUETO

Ó Dharam Das, você é o timoneiro das almas da Ilha Jumbu (antigo nome da Índia).

Aqueles que se lembram de mim residirão com você em Sat Lok.

Dharam Das disse:

Salve, Satguru! Tua Palavra é grande! Me aceitando, você me deu o entendimento.

Vindo, Você me despertou. Afortunado sou eu para que tivesse o seu *darshan* (vislumbre).

Honras a Ti, Ó Senhor, que me fez pertencer a Ti, e tem me dado seus Pés de Lótus como meu travesseiro.

Eu considero aquele dia como sendo auspicioso, quando obtive o Seu vislumbre e o passaporte para a libertação.

Ó eliminador da dor, agora derrame tal graça em mim de forma que Niranjan jamais possa me apanhar.

Os meios pelo qual a alma possa se tornar livre da armadilha de Kal, e os meios pelos quais os laços de Yama possam ser cortados, –

Ó Senhor, use esses meios, e me dê o Nome Sagrado Essencial.

Kabir disse:

Ó Dharam Das, você é a essência de Sukrit. Agora tome o Nome (*Naam*) e elimine suas dúvidas.

Ó Dharam Das, que o fiz meu, e lhe darei o passaporte após a realização da cerimônia de iniciação (*chauka*).

Pegue o passaporte após quebrar a palha (na iniciação) para que o orgulho de Kal possa ser findado.

Desista da esperança proporcionada pelos ídolos (*Shaligram*), e aceite o verdadeiro Nome Sagrado, tornando-se Seu servo.

As dez encarnações e a Ilusão (*Maya*) dos deuses, tudo isso são as sombras de Kal.

Você veio ao mundo para despertar as almas, e você mesmo foi preso na armadilha de Kal.

Ó Dharam Das, agora você também deve acordar, e manifestar o Nome Sagrado de Sat Purush.

Obtendo o passaporte, desperte as almas e liberte-as da armadilha de Kal.

É apenas para este trabalho que você veio a este mundo; Não deixe que qualquer outro pensamento venha em sua mente.

HINO

Chatur Bhuj, Banke Ji, Ji Sahte, e você –

Vocês quatro são os timoneiros do mundo. Aceite esta palavra como verdadeira.

Pelo bem das almas, estas quatro essências são manifestadas no mundo.

Eu tenho dado o meu Conhecimento a eles, ouvindo que Kal fugirá para longe.

DUETO

Ó Dharam Das, dentre os quatro, você é o Mestre da Ilha Jumbu.

Ao tomarem refúgio em ti, as almas das quarenta e duas encarnações obterão a liberação.

DESCRIÇÃO DA EXECUÇÃO DO ARTI (RITUAL)

A entrega do passaporte a Dharam Das após o Arti realizado por Kabir Sahib

Com muito amor, Dharam Das agarrou os Pés: Ó Senhor, Você me fez um felizardo.

Ó Senhor, eu não tenho uma língua que possa descrever suas Qualidades Repletas de Néctar.

Ó Swami, Sua grandeza é incomensurável, então como eu posso descrevê-lo, Ó Todo Consciente?

Eu sou incompetente em todos os sentidos, e os meus pensamentos são maus, mas Você salvou a mim, um pecador.

Ó Swami, me diga agora o segredo da Cerimônia de Iniciação (*Chauka*). O que devo fazer, Ó Morada da Felicidade?

O que Você disser, eu o farei – nada será alterado.

Kabir disse:
Ó Dharam Das, ouça os preparativos para o *arti*, e execute-o para que Yamraj (Kal) fuja.

Traga um pedaço de pano de sete palmos e monte um dossel branco.

Limpe a casa e pátio. Traga um bloco retangular de madeira de sândalo e borrife água sobre ele.

Faça um quadrado nele usando farinha e traga um *seer* e um quarto (medida correspondente a 0,9331 Kg) de arroz.

Traga um trono branco e coloque diferentes tipos de fragrância lá:

Doces brancos, folhas de betel branco, e a noz de betel também deve ser branca.

Coloque um cravo, cardamomo e cânfora; e nas folhas de bananeira, coloque oito tipos de frutas secas.

Em seguida, traga um coco, e organize tudo ordenadamente.

Dharam Das trouxe tudo o que o Mestre ordenou.
Então Dharam Das fez este pedido: Ó Todo Competente, fale-me sobre o caminho da libertação.

Ó Mestre, eu trouxe tudo o que Você encomendou de sua boca.

Ouvindo isso, o Mestre ficou feliz: Bem-aventurado seja você, Ó Dharam Das. Agora você me entendeu.

Conforme as instruções para a realização do chauka, o Senhor sentou-se no trono.
Ele chamou todas as almas jovens e velhas na família de Dharam Das.

Concordando uns com os outros, ambos, marido e esposa, tomaram o coco em suas mãos.

Eles apresentaram (o coco) ao Mestre, e, em completa devoção, curvaram suas cabeças.

DUETO

Dharam Das disse:

Ó Satguru, seus pés são como a lua, e minha mente é como o pássaro da lua.

Por causa da chegada da devoção em minha mente, todas as minhas dúvidas se foram.

Quando o chauka foi realizado, o Som do Nome Sagrado soou como címbalos e tambores.

A palha de Dharam Das foi quebrada, de modo que agora Kal não poderia pegá-lo.

O Senhor escreveu as Palavras Verdadeiras para Dharam Das, que as aceitou imediatamente.

Dharam Das pegou o passaporte, e por sete vezes ele se prostrou.

Em seguida, o Satguru colocou a mão em sua testa e, dando-lhe os ensinamentos, Ele o saciou.

Kabir Sahib dá os ensinamentos para Dharam Das

Kabir disse:

Ouça, Dharam Das, eu tenho revelado o segredo da Verdade.

Eu lhe dei a Bebida da Palavra, e coloquei um fim para você em todas as armadilhas de Kal.

Agora ouça sobre as maneiras de viver, ao qual, sem este conhecimento, o homem fica perdido.

Sempre faça a devoção com todo o seu coração e, abandonando o ego, sirva aos Sábios (*Sadhus*).

Em primeiro lugar, abandone as limitações da família, e torne-se então um devoto destemido.

Desistindo de todas as outras práticas, realize o *seva*, pois o *seva* do Mestre é o culto do Mestre.

A alma que considera a si mesma como sendo inteligente e tenta enganar o Mestre é enganada no mundo.

Por isso, nunca esconda nada do Mestre. Aqueles que esconderem as coisas dele permanecem no mundo.

Mantenha sempre as palavras do Mestre em seu coração, e nunca deixe que o desejo (*maya*) e o apego o abalem.

138

Ao viver desta forma o indivíduo não volta a este mundo, e sempre mantém o seu coração aos Pés de Lótus do Mestre.

HINO
Ouça, Dharam Das, seja firme na Palavra – o único refúgio.

Este mundo é muito complicado, pois Kal montou suas armadilhas.

Ó Dharam Das, pela glória do Nome de Sat Purush, o indivíduo compreende essas coisas;

Se todos os homens e mulheres em uma família tomarem a Palavra, então o grande Poder Negativo não permanecerá.

DUETO
Vá depressa e chame todas as almas que estão em suas casas.

Firmemente concentre sua atenção no Amado de modo que Kal não possa enganá-lo novamente.

Dharam Das disse:

Ó Senhor! Você é a origem de todas as almas. Você eliminou todas as minhas dores.

Narayan é meu filho. Dê também a ele a riqueza do Nome Sagrado.

- Ouvindo isso, o Mestre sagrado sorriu, mas não expressou seus sentimentos.

Kabir disse:

Dharam Das, chame depressa aqueles que você deseja que sejam gloriosos.

- Então Dharam Das chamou a todos: "Venham! Curvem suas cabeças aos pés do Esposo!

Irmãos, venham e toquem os pés do Todo Competente – desta forma vocês não nascerão no mundo novamente".

Ao ouvir isso muitas almas vieram e abraçaram os Pés do Satguru.

Um deles não veio – Das Narayan. Todos os outros vieram aos Pés do Mestre.

Dharam Das pensou: Por que o meu sábio filho não veio?

O desprezo de Narayan por Kabir
Dharam Das disse aos seus servos:

Aonde o meu filho, Narayan Das, foi?

Alguém vá e o procure para que ele também possa vir para o Mestre.

Ó Das que Chora (*Roop Das*)! Tenha fé no Mestre, e olhe para Ele. Ele pode estar lendo o (Bhagavad) Gita.

Vão depressa e digam-lhe que ele é chamado, e que Dharam Das conseguiu um Mestre competente! –

Ouvindo isto, o mensageiro foi depressa para o lugar onde Narayan Das estava.

O Mensageiro disse a Narayan Das:
Venha rápido! Não demore! Dharam Das o chamou.

Narayan Das diz:
Eu não vou até o meu pai! Ele está velho e seu intelecto está destruído.

Quem mais é um Criador como Hari? Por que eu deveria deixá-lo e adorar outra pessoa?

Ele se tornou senil, portanto ele gosta do tecelão; mas em minha mente eu tenho Vishnu como o meu Mestre.

O que posso dizer? Eu não posso dizer nada, pois meu pai ficou louco.

O mensageiro voltou para Dharam Das;
Depois de dizer que Narayan Das não viria, ele ficou em silêncio.

Ao ouvir isso, Dharam Das começou a andar e chegou até onde seu filho estava sentado.

Dharam Das disse a Narayan Das:

HINO
Ó filho, venha. Vamos para casa, de onde o Senhor Sat Purush veio.

Faça o pedido e toque Seus Pés, de modo que todos os seus karmas possam ser dissolvidos.

Eu vim para lhe dizer: Venha e aceite o Mestre Sagrado, e desista rápido de seu ego.

Esta oportunidade não virá de novo, então abandone sua teimosia, Ó louco.

DUETO
Eu cortei os laços de Yama, conseguindo o perfeito Santo Mestre

(*Satguru*).

Levante-se, meu filho, e venha depressa para que você não tenha que nascer de novo.

Narayan Das diz:

Pai, você ficou louco. Na terceira fase da sua vida você conseguiu um Mestre vivo.

Não há outro deus igual ao Nome de Ram – a quem os poetas e os santos também servem.

Você abandonou o Mestre Vishnu e, em sua velhice, você agarrou o Mestre vivo.

Dharam Das diz:

(Tomando-o pelo braço, ele o levantou e o levou ante o Santo Mestre).

Ó criança, toque os pés do Santo Mestre, que é o Libertador dos laços de Yama.

A dor de voltar ao útero novamente não chega para a alma que consegue o Refúgio da Palavra.

Ele deixa o mundo e vai para Sat Lok, onde a Palavra do Mestre o ajuda.

Então Narayan Das virou o rosto e disse: Aquele que é o mais baixo veio em nossa casa!

De onde vem esse bandido que tem impulsionado o meu pai à loucura?

Condenando os Vedas e Shastras, ele fala de sua própria glória!

Enquanto esse bandido permanecer com você, eu desisto do abrigo desta casa!

- Ouvindo isso, Dharam Das ficou aborrecido, e não sabia o que o seu filho poderia fazer.

Então Amin, sua esposa, o aconselhou em muitos aspectos, mas ele não levou nada dessas coisas em seu coração.

Então Dharam Das foi ao Mestre e fez este pedido:

Ó Senhor, me diga a razão pela qual meu filho tem dúvidas.

O Santo Mestre sorriu e disse: Dharam Das, eu também lhe disse isso anteriormente.

Novamente eu estou lhe dizendo. Ouça com atenção e não fique surpreso.

Então as ordens de Sat Purush vieram: "Ó Gyani, vá rapidamente ao mundo

Porque Kal está infligindo dor às almas. Apresse-se e vá cortar os laços de Yama".

Imediatamente Gyani inclinou a cabeça e foi para ao encontro do injusto Dharam Rai (Kal).

Quando Dharam Rai viu Gyani, sua forma se encheu de raiva.

Dharam Rai disse:
"Eu consegui este lugar por fazer o serviço (devoção a Sat Purush), então por que você veio ao Oceano do Mundo?

Ó Gyani, Você nada sabe sobre mim. Eu vou te matar!"

O Gyani disse: "Ouça, injusto! Eu não serei amedrontado por você.

Se você disser palavras egoístas, muito em breve eu o matarei!"

Então Niranjan fez este pedido: "Você está indo ao mundo para libertar as almas.

Quando todas as almas tiverem ido para Sat Lok (o Paraíso), como minha fome será saciada?

Diariamente eu tenho que comer cem mil almas e recuperar cento e vinte e cinco mil.

Tal como Sat Purush me deu este plano, da mesma forma, Ó Gyani, Dê-me Você também alguma coisa.

Você irá para o mundo e levará as almas, e as libertará da armadilha de Kal.

Nas primeiras três eras poucas almas saíram, mas no Kali Yuga Você trabalhará duro.

Agora você estabelecerá o seu caminho e enviará as almas para Sat Lok".

Depois de dizer isso, Niranjan continuou: "Mas eu não tenho nenhum poder sobre você.

Se qualquer outro irmão tivesse vindo, eu o teria esmagado e o comido de uma vez!

Se eu disser qualquer coisa a você, você não obedecerá, e Você entrará no mundo.

Farei alguma coisa por lá para que ninguém acredite em seu Nome Sagrado.

Então eu criarei tais karmas e ilusões que ninguém encontrará a saída.

Em cada casa criarei o fantasma da ilusão e, enganando as almas, vou fazê-las esquecer.

Todos os seres humanos comerão carne e beberão vinho, e todos os tipos de carne serão os favoritos.

Ó irmão, Sua Devoção é difícil – Ninguém acreditará, eu estou lhe dizendo!

É por isso que eu digo: "'Não vá para o mundo agora'".

Kabir disse:

Naquela época eu disse a Kal, "Eu conheço os seus engodos e os seus ardis.

HINO

Fazendo as almas firmes no verdadeiro Nome Sagrado, permitirei a elas que removam suas ilusões.

Vou fazê-las reconhecer todos os seus truques, e pela força da Palavra eu libertarei as almas.

Aqueles que se lembrarem de mim em pensamento, palavra e ação, focando sua atenção no Incondicionado,

Tais almas irão para o Mundo Imortal, colocando seus pés em sua cabeça.

DUETO

Qualquer alma corajosa e sábia extinguirá o seu ego.

E muito alegremente tal alma será convencida da verdadeira Palavra (*Shabda*)".

Ouvindo isso Kal se sentiu derrotado e começou a pensar nos engodos.

Dharam Rai disse: "Ó Doador da Felicidade, Ó Essência, explique isso para mim:

Qual será o seu nome nesta idade? Fale em voz alta este Nome para mim".

Kabir disse:

"Na Kali Yuga meu nome será Kabir, e, ao dizer 'Kabir'
Yama não chegará perto da alma".

Ao ouvir isso, o injusto disse: "Ouça, Kabir, eu estou lhe dizendo.
Em Teu Nome eu manterei o caminho, e desta forma enganarei as almas.
Eu farei doze caminhos, e em seu nome eu pregarei a elas.
Minha essência, Mritu Andha, será encarnada na casa de Sukrit.
Mritu Andha irá a Sua casa se chamará Narayan.
Primeiro irá a minha essência, e, em seguida, irmão, irá Você.
Aceite pelo menos este pedido que eu lhe faço, novamente tendo fé em Você".

Kabir disse a Dharam Das:

Então eu lhe disse: "Ouça, Dharam Rai. Por causa das almas você lançou suas armadilhas".
Eu lhe dei essa promessa, e em seguida vim ao mundo. Assim, Mritu Andha (a essência de Kal) entrou em sua casa, com o nome de Narayan.
Narayan é a essência da Kal. E por causa das almas, Kal fez esta armadilha.

HINO

Em Meu Nome, ele iluminará o caminho e enganará as almas.
As almas que não conhecem o seu segredo irão para o inferno.
Assim como o caçador toca a música para atrair o cervo, e
Ouvindo a música o cervo chega perto e o caçador o atinge:

DUETO

Da mesma forma Yama criou esta armadilha, mas aqueles que estiverem dispostos a acordar, irão fazê-lo.
Aqueles que conseguirem o Mundo a partir de minha essência, estes atingirão Sat Lok.

DESCRIÇÃO DOS DOZE CAMINHOS

Dharam Das disse:

Ó Senhor, fale-me sobre os doze caminhos que Você tirou de Kal.

Ó Satguru, fale-me sobre os costumes de cada caminho, de modo que eu possa conhecê-lo.

Eu sou ignorante, e nada sei. Você é o Senhor, Sat Purush.

Tenha misericórdia de mim, o servo. *Dizendo isso, Dharam Das levantou e tocou ambos os pés.*

Kabir disse:

Dharam Das, entenda esta mensagem: Vou esclarecer todas as suas ilusões.

Vou dizer-lhe os nomes dos doze caminhos, e farei você conhecer os seus segredos.

Dharam Das, eu direi em voz alta a respeito de seus costumes e segredos:

Vou eliminar o engano do seu coração e removerei todas as dúvidas de sua mente.

O Caminho da Mritu Andha Doot

Ouça a descrição do primeiro caminho, Dharam Das. Em sua mente esteja pronto para discernir.

Mritu Andha (Morte Cega) é um mensageiro (*doot*) sem limites que tem encarnado em sua casa.

Ele será muito doloroso para as almas, novamente eu estou avisando você.

O Caminho de Timir Doot

Em segundo lugar virá Timir Doot (Mensageiro Negro). Ele nascerá na casta Ahir, e será chamado de "Servo".

Ele roubará muitas das suas escrituras e manterá seu caminho separadamente.

O Caminho da Andha Achet Doot

Agora eu lhe direi sobre o terceiro caminho e sobre o Andha Achet Doot (Mensageiro Cego Inconsciente).

145

Ele virá a você como o seu barbeiro, e seu nome será Surat Gopal.

Mantendo as almas na ilusão criada pela combinação de palavras, ele estabelecerá seu caminho em separado.

O Caminho de Manbhang Doot

Ouça, Dharam Das, sobre o quarto caminho, que será mantido por Manbhang Doot (Mensageiro Degradado).

Ele estabelecerá o caminho se apegando na história da criação. Ele virá ao mundo dizendo que seu caminho é o caminho original.

Ele explicará às almas sobre o nome "Loodi" (aquele que olha) e chamará esse nome de "a pedra filosofal".

Ele falará da Memorização do Nome de Deus (*Simran*) a partir do som criado pelo bambu e, desta forma, manterá todas as almas aqui.

O Caminho de Gyan Bhangi Doot

Ó Dharam Das, ouça sobre o quinto caminho, que Gyan Bhangi Doot (Mensageiro Sábio Escavador do Conhecimento) iniciará.

Esse caminho é o caminho dos deuses e dos sábios imperfeitos.

Fazendo as almas reconhecerem os sinais da língua, olhos e fronte, explicando sobre a cicatriz e a verruga, ele manterá as almas enganadas.

DUETO

Seja qual for o trabalho que a pessoa goste de fazer, ele a manterá nesse trabalho.

Dessa forma ele prenderá todos os homens e mulheres, e se espalhará em todas as dez direções.

O Caminho da Manmakarand Doot

O nome do sexto caminho será "Kamali Path" (Caminho Agregado), e ele começará quando Manmakarand Doot vier ao mundo.

Ele residirá entre os corpos mortos, e, se tornando meu filho, ele falsamente iluminará o caminho.

Ele mostrará a luz cintilante para as almas, e desta forma ele enganará muitas almas.

Enquanto a alma tiver aquele sinal, ela verá tal luz cintilante.

Aqueles que não veem com ambos os olhos, como eles podem comprovar a cintilante beleza?

Compreender a beleza cintilante de Kal, e não a tomar como Verdade em seu coração.

O Caminho da Chitbhang Doot

O sétimo mensageiro é Chitbhang (Cânhamo Rasgado), que terá diferentes rostos, vozes e mentes.

Ele correrá o caminho em nome de "Daun" (o inferior), e chamará falsamente aqueles que falam essas palavras, como Sat Purush.

Ele falará sobre os cinco elementos e as três *gunas* (características), e desta forma ele manterá o caminho.

Dizendo as palavras, ele mesmo se tornará Brahma (e dirá),

"Por que Rama fez Vashishth como seu Mestre?

Krishna também fez o serviço ao Mestre, para não falar dos poetas e sábios.

Narada culpou seu Mestre. É por isso que ele sofreu, vivendo no inferno".

O Mensageiro (*Doot*) imporá o conhecimento do Bijak (Débito) tal como os restos de insetos permanecem na árvore *goolar*.

Ninguém será beneficiado por este caminho. Ao caminhar sobre ele a alma chorará.

O Caminho da Akalbhang Doot

Agora eu vou te falar sobre o oitavo caminho, e irei lhe explicar sobre o Akalbhang Doot (Mensageiro do Cânhamo da Fome).

Ele roubará algo do Alcorão e algo dos Vedas, e dirá: "Este é o caminho que conduz ao verdadeiro lar."

Ele também levará algumas de minhas qualidades e, em seguida, ele escreverá um livro.

Ele estabelecerá o caminho dando o conhecimento dos Brâmanes, e as almas que estão envolvidas em ritos e rituais serão atraídas para ele.

O Caminho da Bishamber Doot

Ó Dharam Das, ouça a história do nono caminho, como Bishamber Doot (Mensageiro Venenoso) fará o seu jogo.

O nome do caminho será "O Caminho de Ram Kabir", ao qual as boas e más qualidades serão contadas de maneira igual.

Ele dirá o seguinte: "Compreenda os pecados e as virtudes como sendo a mesma coisa."

O Caminho da Naktanen Doot

Agora eu estou dizendo a você sobre o décimo caminho. O nome deste *Doot* (mensageiro) é

Naktanen (o nome da farsa).

Ele fará o caminho, chamando-o de "Caminho do Orvalho Sagrado" (*Satnami*), no qual ele reunirá todas as almas das quatro diferentes castas.

Ele runirirá Brâmanes (a casta dos sacerdotes), *Kshatriya* (guerreiros), *Vaishya* comerciantes) e *Shudra* (operários).

Ó Irmão, ele não reconhecerá a Palavra do Santo Mestre (*Satguru*) e, seguindo-o, as almas irão para o inferno.

Ele explicará e descreverá o corpo, e nunca obterá o Caminho de Sat Purush.

HINO

Ouça, Dharam Das, o jogo de Kal. Ele criará muitas armadilhas.

Ele devorará muitas almas, envolvendo-as nas correntes do Karma.

A alma que reconhecer a minha Palavra Sagrada se tornará livre dos laços de Yama (Kal).

Aceitando a Palavra e pela sua glória, ele irá para o Plano Imóvel, que é a Região da Paz.

DUETO

A Memorização do Nome de Deus (*Simran*) Repleto de Néctar, que tem qualidades preciosas, é a Essência do Nome Sagrado de Sat Purush.

Se a alma aceitar isso em pensamento, palavra e ação, ela atravessa a Oceano da Vida.

O Caminho de Durgdani Doot

Eu estou lhe dizendo sobre o undécimo caminho, que é o de Durgdani (doador da fortaleza), que era um mensageiro sem limites.

Ele estabelecerá o seu caminho como "O Caminho das Almas", e explicará isso pelo corpo.

Ele dirá às almas que execute as coisas com os seus corpos (materialismo) e, iludidos por ele, as almas não cruzarão (o Oceano da Vida).

A alma que se orgulhar, ouvindo o seu conhecimento, o amará.

O Caminho da Hansmuni Doot

Agora eu vou lhe dizer sobre a manifestação do duodécimo caminho, ao qual Hansmuni Doot (Mensageiro do Cisne Sábio) criou este jogo.

Primeiro, ele virá como um servo em sua casa, e ele o servirá muito.

Mais tarde, ele iniciará seu próprio caminho e prenderá muitas almas na armadilha. Ele se oporá à Essência e às Encarnações. Ele acreditará em algum Conhecimento, e em outros ele não acreditará.

Desta forma Yama (Kal) montará o jogo, e de sua essência ele criará doze caminhos.

De novo e de novo eles virão, e novamente e novamente eles irão, e de novo e de novo eles aparecerão no mundo.

Onde quer que os Mensageiros de Yama apareçam, eles dirão um monte de conhecimentos para as almas.

Eles chamam a si mesmos pelo nome de "Kabir", e eles sempre darão o conhecimento da matéria para aqueles a quem eles iniciarem.

Onde quer que eles nasçam no mundo, eles virão adiante e divulgarão o caminho.

Eles apresentarão milagres para as almas, e, iludindo-as, eles as levarão para o inferno.

HINO

Ouça, Dharam Das: Desta forma, o poderoso Kal virá e enganará.

Aqueles que aceitarem a Luz das minhas palavras, eu os salvarei.

Ó Minha Essência! Desperte as almas, dando-lhes o verdadeiro Nome Sagrado.

Ao manter o Conhecimento do Mestre firme no coração, a pessoa testa o Nome Sagrado e reconhece Yama (Kal).

DUETO

Ó Dharam Das, desperte! Yamraj (Kal) engana tal qual isto.

Aqueles que levarem a Palavra com fé, Yama não irá buscá-los.

Dharam Das disse:

Ó Senhor, Tu és a origem de todas as almas, possa o Senhor findar toda a minha dor.

Narayan é meu filho. Agora eu o joguei para fora. A essência da Kal nasceu em minha casa e se tornou dolorosa para as almas.

Salve o Satguru! Você me mostrou e me fez reconhecer a essência de Kal.

Eu dei o meu filho Narayan, e eu acreditei em Suas Palavras.

DHARAM DAS OBTÉM O DARSHAN DA MÁXIMA ESSÊNCIA

Dharam Das disse:

Inclinando a cabeça, Dharam Das fez este pedido: Ó Senhor – Doador da Felicidade para Todas as Almas – me diga, de que maneira as almas cruzarão o Oceano da Vida?

Diga-me, Ó Belo Esposo das Almas, como o Caminho será mantido, e como as almas irão para Sat Lok?

Eu expulsei Narayan Das – sabendo que ele era meu filho – sabendo que ele é Kal.

Agora, Ó Senhor, mostre-me o Caminho pelo qual a alma pode ir para Sat Lok.

Como a minha linhagem poderá continuar, e como eles seguirão o Seu Caminho?

É por isso, Ó Senhor, que eu faço um pedido a você, que me diga como o Caminho continuará.

Kabir disse:

Ouça, Dharam Das, sobre o Ensino do Nome Sagrado: Eu estou lhe dando esta mensagem, considerando você como a mim mesmo.

O Alma *NOTM* (a Suprema Essência) é a Essência de Sat Purush, que se manifestará em sua casa.

A Palavra encarnará no mundo, e será chamada pelo nome de "Chudamani."

A Essência de Sat Purush nas encarnações NOTM cortará os laços das armadilhas de Kal e removerá as dúvidas das almas.

HINO

Na Kali Yuga a alma se tornará livre de Kal pela Glória da Palavra.

Aqueles que firmemente aceitarem a verdadeira Palavra dentro de si se tornarão livres das armadilhas preparadas por Yama (Kal).

Yama não chegará perto de quem tiver fé nas Encarnações. Tais almas irão em frente no Oceano da Vida após pisarem a cabeça de Kal.

DUETO

Ó Dharam Das, leve isto em seu coração:

Eu vou libertar as almas que se tornarem firmes nas palavras das Encarnações.

Dharam Das disse:

Ó Senhor, dobrando as minhas mãos, eu faço este pedido – mas, dizendo isto, minha alma treme:

A Palavra será encarnada como a Essência de Sat Purush, mas a dúvida em minha mente sairá se eu tiver o Seu vislumbre.

Ó Senhor! Aceite este meu pedido – Ó Senhor! Derrame esta misericórdia sobre mim.

Então eu saberei a Verdade e serei convencido de Suas Palavras.

Ouvindo isso, o Senhor disse estas palavras: "Ó Muktamuni (Mestre da Liberdade), Minha Essência,

Tornando-se dependente de mim, Sukrit pediu o seu vislumbre, e então Você veio e deu o seu darshan".

Então, por um momento, Muktamuni veio e Dharam Das teve o seu vislumbre.

Então Dharam Das caiu aos pés e os tocou: Agora você cumpriu o desejo em meu coração.

De novo e de novo ele colocou seu coração aos seus Pés: Ó Nobre Sat Purush,

Você fez com que eu tivesse o vislumbre. Tendo o vislumbre (*darshan*) meu coração está feliz, tal como o pássaro da lua recebendo o luar.

Agora, Ó Senhor Gyani, derrame tal graça para que as encarnações da Palavra possam se manifestar no mundo.

Eu lhe faço este pedido, Ó Senhor, de modo que o caminho possa continuar.

A MANIFESTAÇÃO DE CHUDAMANI

Kabir disse

Ouça, Dharam Das: Após dez meses a alma de Chudamani se

manifestará.

Ele nascerá em sua casa e, para o bem das almas, ele tomará um corpo.

Dharam Das, ouça estas palavras de sabedoria que eu digo a você, considerando você como se fosse eu mesmo.

Você guardou as coisas que eu lhe dei. Agora aquele que se tornar seu filho será a Minha Essência.

Em seguida, Dharam Das fez este pedido: Ó Senhor, explique isso para mim:

Ó Sat Purush, eu tenho controlado os órgãos dos sentidos. Como a Sua Essência nascerá no mundo?

Então o Senhor disse estas palavras, dando as ordens para que as relações sejam apenas através da atenção:

Ó Dharam Das, estou escrevendo o *Paras Naam*, pelo qual a Essência nascerá.

Compreenda os sinais que eu estou explicando a você. Dharam Das, ouça atentamente isto:

Em uma folha da (noz de) betel escreva o sinal de Sat Purush e dê para Amin.

Então, a dúvida de Dharam Das foi embora, e a questão ficou clara para ele.

Dharam Das chamou Amin e o fez cair aos Pés do Amado Senhor.

Na folha de betel ele escreveu o Paras Naam e a deu a ela, pelo qual concebeu a criança.

Chudamani habitava a gravidez que surgiu através da atenção.

Dharam Das ordenou a Amin, e então ela veio e o saudou.

Quando a gravidez de dez meses estava completada, a Essência, Chudamani, nasceu.

Isso aconteceu no sétimo dia da metade enluarada de Agahan (22 de novembro a 21 de dezembro).

Quando Muktayan, o Doador da Libertação, se manifestou, Dharam Das doou toda a sua riqueza:

Afortunado sou eu, por você ter entrado em minha casa! *E então Dharam Das curvou-se aos Seus pés.*

Quando Kabir soube que Muktayan tinha chegado, imediatamente Ele foi para a casa de Dharam Das:

Para a Libertação, o Imperecível Muktayan veio, e pelo bem das almas, ele tomou o corpo.

Agora o sinal imperecível, que libertará as almas de Yama, foi manifestado.

Pela vinda de Muktamuni (Mestre da Liberdade), as almas se tornarão livres.

A CRIAÇÃO DO REINO DAS QUARENTA E DUAS ENCARNAÇÕES

Depois de passar alguns dias, o Senhor disse estas palavras: Ó Dharam Das, traga o que é necessário. Eu executarei o *chauka*.

Vou estabelecer o Reino das Quarenta e Duas Encarnações, ao qual o trabalho das almas poderá ser realizado.

— *Então Dharam Das trouxe o que era necessário, e colocou diante de Gyani.*

Dharam Das disse:
Ó Gyani, se você quiser algo mais, então me diga.

O Senhor preparou o chauka tal como antes, e tudo o que Ele queria, Ele pediu. A tábua retangular foi decorada de muitas maneiras, e lá Chudamani se sentou.

Kabir disse:
Você veio ao mundo pelas ordens de Sat Purush, e, usando de Seus meios, Você deve libertar as almas.

Eu lhe dou o Reino das Quarenta e duas Encarnações, e por Você as almas farão o seu trabalho.

Kabir dá os ensinamentos a Chudamani
De você virão as quarenta e duas Encarnações que libertarão as almas.

A partir delas sairão sessenta ramos, e destes brotarão ainda mais.

Você terá dez mil pequenos ramos, e todos eles continuarão, junto com as Encarnações.

Aquele que usar a força para formar a relação, eu não enviarei para Sat Lok.

Uma vez que você se tornou o timoneiro, os seus ramos também se tornarão como tal.

HINO

Ouça, Ó Essência de Sat Purush, Você vem de uma Alta Linhagem, e não de qualquer um.

Você é a Essência do *NOTM* de Sat Purush que se manifestou neste Oceano do Mundo.

Vendo as almas em uma condição ruim, Sat Purush o enviou.

Qualquer alma que entender Você como a essência de alguém mais, esta será devorada por Yama.

DUETO

O sabedor do Conhecimento reconhecerá as encarnações como a Forma de Sat Purush.

Aquele que recebe o Sinal das Encarnações se tornará o *Hansa* (Cisne).

Kabir disse a Dharam Das:

Ouça, Dharam Das: Agora eu estou lhe dando o celeiro.

Ó irmão, agora explico a você tudo o que eu lhe dei anteriormente.

Quando Chudamani se tornar perfeito e Kal ver isso, ele será despedaçado.

- Ouvindo isso, Dharam Das se levantou e chamou Chudarnani para perto dele.

Então ele recebeu o Nome (Naam), sem que tivesse ocorrido qualquer atraso.

Quando ambos tocaram os Pés do Mestre, Kal começou a tremer de medo.

Em Sua Mente, o Mestre Sagrado (Satguru) ficou satisfeito e, olhando para Chudarnani, Ele ficou muito feliz.

Então Ele disse a Dharam Das: Ouça, Sukrit: Você é muito afortunado.

Sua Linhagem se tornou a Libertadora do mundo, e fará as almas cruzarem o Oceano do Mundo.

Haverá quarenta e duas encarnações, e a primeira a se manifestar será a Minha Essência (ou seja, nascerá sem a utilização do sêmen).

Ele será o Verbo encarnado. Aqueles que vierem depois virão ao mundo a partir do sêmen (*Bind*).

A grandeza das encarnações

As almas que recebem o passaporte a partir dessas encarnações irão para Sat Lok, tornando-se destemidas.

Yama não bloqueará seu caminho, e as oitocentas e oitenta milhões de prisões sentirão a derrota.

Não importa se alguém disser a eles sobre qualquer outro conhecimento, Ele repetirá a Palavra de Kabir dia e noite.

Não importa se alguém falar constantemente sobre outros conhecimentos; sem o conhecimento das Encarnações tudo é falso.

Vá e pergunte para alguém que sabe sobre o sabor dos alimentos: Não importa se alguém prepara o alimento de muitas maneiras, ela permanecerá suave e sem sal.

Entenda os alimentos como sendo o conhecimento, e o Sinal das Encarnações como o sabor.

Há cento e quarenta milhões de conhecimentos, mas o Nome Sagrado Essencial é diferente deles.

No céu, novecentas mil estrelas aparecem, e, olhando para elas, todos ficam felizes.

Mas quando o sol sai durante o dia, ele oculta a luz das estrelas.

O conhecimento é como as novecentas mil estrelas, e o Nome Sagrado Essencial é como o sol.

Centenas de milhares (*Lakhs*) de conhecimentos explicam as coisas às almas, ao passo que o Sinal das Encarnações leva as almas para Casa.

Ouça o exemplo de como o navio cruza o mar: o Nome Sagrado é o navio, e a sua Encarnação é aquele que os faz cruzar (o mar).

HINO

Ó Dharam Das, eu descrevi a você a Origem de Sat Purush.

Aqueles que tomam qualquer outro caminho que não seja o das Encarnações irão para a Região de Yama.

A alma que, dia e noite, cantar o Nome Sagrado sem obterem o Sinal das Encarnações

Será pega na armadilha de Kal. Não me culpe depois!

DUETO

Aqueles que reconhecerem o Nome Sagrado, deixando as qualidades do corvo, se tornarão Cisnes.

Kal não conseguirá aqueles que aceitarem o Nome Sagrado Essencial com firmeza.

IV. A História do Futuro

O INÍCIO DA HISTÓRIA DO FUTURO

Dharam Das rogou: Ó Senhor, eu me sacrifico por Você.

Senhor, Tu me disseste que as encarnações virão ao mundo para o bem das almas.

O Gyani que reconhecerá o Verbo Encarnado não será detido, mesmo por uma força poderosa.

Tenho entendido a Encarnação como o Forma de Sat Purush, e em meu coração não veio nenhum outro pensamento.

A Essência *Notm* se manifestou e veio ao mundo, e eu a tenho visto e posto à prova completamente.

Mesmo assim, eu tenho uma dúvida. Derrame a graça sobre mim, para que esta dúvida se vá.

Fui enviado pelo Todo Competente, e, quando eu vim ao mundo, Kal me prendeu.

Tu me chama de Essência de Sukrit. Mesmo assim, o aterrorizante Kal me mordeu.

Se isso acontecesse com as encarnações, então todas as almas do mundo seriam destruídas.

Então, derrame tal graça, Afastador das Dores, para que Kal Niranjan não engane as Encarnações.

Eu não sei mais nada. Ó Senhor, a minha reputação está em suas mãos.

Kabir disse:

Dharam Das, você tem pensado corretamente. Sua dúvida é apropriada.

Dharam Das, no futuro vai acontecer que Dharam Rai fará este truque,

Ao qual eu não esconderei de você. O que quer que aconteça, eu lhe direi em verdade.

Mas primeiro ouça o que eu lhe digo e, ouvindo com atenção, saiba isto.

No *Sat Yuga* Sat Purush me chamou e mandou que eu viesse ao mundo.

Quando cheguei, encontrei Kal pelo caminho. Depois de debater com ele, eu removi o seu orgulho.

Então ele me enganou, e levou três *yugas* de mim,

Em seguida Kal, o injusto, me disse: "Ó Irmão, eu não pedirei pelo quarto *Yuga*".

Depois de ter lhe dado a minha promessa, eu vim ao mundo.

Eu não manifestei o meu caminho nas três primeiras eras (*yugas*), porque eu as dei a ele.

Quando a quarta era, a *Kali Yuga*, veio, novamente Sat Purush me enviou ao mundo.

O açougueiro Kal me parou no caminho, e de muitas maneiras me implorou.

Eu já lhe contei esta história antes, e o segredo dos doze caminhos.

Ele me enganou, e me disse que eram doze – Ele não me disse qualquer outra coisa.

Nas três primeiras eras ele me derrotou, e na *Kali Yuga* ele armou muitas armadilhas.

Ele me disse (que) criou doze caminhos, mas ele ocultou quatro de mim.

Quando eu fiz quatro Mestres (*Gurus*), ele também enviou suas essências.

Quando eu fiz quatro timoneiros, Dharam Rai aumentou o seu aparato de enganos.

Sat Purush me iluminou quanto a isto. Ó Dharam Das, eu estou dizendo isso a você como um trabalho espiritual:

Ó irmão, aqueles que terão a Palavra como o Auxiliador em seu coração, só eles entenderão todo esse jogo.

AS ORDENS DE (KAL) NIRANJAN AOS SEUS QUATRO ANJOS

Niranjan constituiu quatro mensageiros, a quem lhes deu muitos ensinamentos.

Ele lhes disse: "Ouçam, essências: Vocês são da minha própria linhagem.

O que quer que eu lhes diga, acreditem, e obedeçam às minhas ordens.

Um irmão no mundo, que é chamado pelo nome de Kabir, é meu inimigo.

Ele quer acabar com o oceano do mundo e levar as almas para Sat Lok.

Enganando e criando fraudes, Ele ilude o mundo, e Ele faz a todos livres do meu caminho.

Fazendo as almas ouvirem a verdadeira Palavra, Ele as envia para Sat Lok.

Porque Ele está determinado a arruinar o mundo, e é por isso que eu criei vocês.

Me obedeçam, vão para o mundo, e, em nome de Kabir, estabeleçam seus (falsos) caminhos.

As almas do mundo estão perdidas na doçura dos prazeres – elas fazem o que eu disser a elas.

Criem vocês quatro caminhos no mundo e os mostrem às pessoas.

Todos vocês quatro devem levar o nome Kabir, e não falem qualquer palavra de suas bocas, exceto 'Kabir'.

Quando as almas vierem para vocês em nome de Kabir, digam aquelas palavras que são agradáveis para as suas mentes.

Na *Kali Yuga* as almas não têm nenhum conhecimento. Olhando para outros, elas seguem um caminho.

Ao ouvirem suas palavras elas ficarão satisfeitas, e de novo e de novo elas virão até vocês.

Quando elas se tornarem firmes em sua fé em vocês, sem poder diferenciá-las em suas mentes,

Jogue seus laços sobre elas. Sejam cuidadosos! Não as deixem saber os seus segredos!

Na Ilha Jumbu (a Índia) façam as suas casas, onde o nome de Kabir está permeado.

Quando Kabir for para Bandho Garh (muralha de defesa ou fortaleza) e aceitar Dharam Das como Seu Próprio,

Ele estabelecerá o Reino das Quarenta e Duas encarnações, e então o Seu Reino se propagará.

Eu deterei as almas por meio de quatorze Yamas (Demônios), e por doze caminhos eu os enganarei.

Mesmo assim, eu tenho minhas dúvidas. É por isso, irmãos, que eu vos envio.

Ataquem as Quarenta e Duas (encarnações) e prendam-nas em suas palavras. Então eu saberei, irmãos, que vocês me obedeceram".

Ouvindo aquelas palavras, os Mensageiros ficaram muito felizes: "Ó Poderoso, nós aceitamos as suas ordens.

Conforme ordenou, nós tomamos essas palavras sobre as nossas cabeças.

Pela sua Graça nós nos tornamos afortunados". Dobrando suas mãos, eles responderam desta maneira.

Kabir disse a Dharam Das:

Ao ouvir isso, Kal ficou feliz. Ele estava muito feliz com o que os Mensageiros disseram.

Ele explicou muitas outras coisas a eles. Desta forma, o injusto Kal mostrou-lhes o caminho.

Dando-lhes muitos mantras para devorar as almas, ele lhes disse, "Irmãos, vão para o mundo!

Vão vocês quatro, tomando quatro formas diferentes, e não poupem o grande ou o pequeno.

Armem as armadilhas, irmãos, de tal forma que a minha comida (as almas) não saia de minhas mãos".

Ouvindo estas palavras, eles ficaram muito satisfeitos: as palavras de Kal pareciam um fluxo de néctar.

Então esses são os quatro anjos que se manifestam no mundo, e eles estabelecerão quatro caminhos.

Eles consideram estes Mensageiros como os heróis e os líderes dos doze caminhos.

Os quatro caminhos estabelecidos por eles serão alterados para a frente e para trás para explicar as coisas.

Estes quatro caminhos são a origem dos doze caminhos, e eles serão dolorosos para o Verbo Encarnado.

Ouvindo isso Dharam Das ficou nervoso, e, cruzando as mãos, fez este pedido:

Ouça. Ó Senhor, agora minha dúvida ficou mais forte.

Ó Mestre, não demore! Primeiro, me diga seus nomes.

Estou perguntando isso a você pelo bem das almas. Diga-me as suas naturezas.

Conte-me as formas desses Mensageiros, seus sinais, e também os seus efeitos.

Que forma eles terão quando vierem ao mundo, e como eles farão suas armadilhas para as almas?

Em qual país eles se manifestarão? Ó Senhor, diga-me tudo.

Kabir disse:

Dharam Das, eu explico a você o segredo dos quatro Mensageiros.

DESCRIÇÃO DOS QUATRO MENSAGEIROS

Primeiro de tudo, ouça os seus nomes: "Rambh, Kurambh, Jay e Vijay."

Descrição do Rambh Doot

Rambh Doot (Mensageiro Rambh) fará a sua residência em Kalinjer Garh.

Ele será chamado de o devoto do Senhor, e carregará o mesmo nome. Ele pegará muitas almas. Aqueles que forem fiéis aos seus corações serão salvos dessa armadilha venenosa de Yama.

Rambh Yama (o demônio Rambh) é poderoso e hostil. Ele condenará você e a mim.

Ele condenará o *arti*, a iniciação, Sat Lok, e os outros planos.

Ele condenará as Escrituras, e o Conhecimento da Palavra.

Com seriedade, ele proferirá os ensinamentos de Kal.

Ele discutirá sobre as minhas palavras, e muitos serão pegos em sua armadilha.

Tomando o meu nome, ele espalhará constantemente o (falso) caminho em todas as quatro direções.

Ele chamará a si mesmo "Kabir", e dirá que eu sou controlado pelos cinco elementos.

Ele dirá que as almas são Sat Purush, e, enganando as almas, ele condenará Sat Purush.

Ele dirá que este Kabir é o deus das almas, e ele também chamará o criador de "Kabir".

Mas o criador é Kal, que inflige dor para as almas, e, como ele, este Yam Doot atrairá as almas.

Aqueles que realizam (os falsos) ritos e rituais serão chamados de "Sat Purush" por ele, e, ocultando Sat Purush, ele manifestará a si mesmo.

Se a alma por si própria, é tudo, então como poderia sofrer todas essas dores?

Sendo controlada pelos cinco elementos as almas sofrem – e como ele, mesmo assim, as chama de Sat Purush?

O Corpo de Sat Purush é imortal e Sempre Jovem. Ele possui muitas habilidades, e a Sua beleza não possui nenhuma sombra.

Ainda assim, este Mesnageiro de Yama o condenará, e dirá que as almas são Sat Purush.

Então, ele irá para o oceano e verá sua própria sombra. Vendo a si mesmo como o Impronunciável, ele será enganado.

Sem o espelho, ele verá a sua própria forma! Ó Dharam Das, este "Mestre" é o único exclusivamente acessível!

HINO

Ouça, Dharam Das. Desta forma, o ilimitado e poderoso Rambh praticará o engano.

Cantando o nome "Kabir" ele capturará muitas almas neste mundo.

Usando o sinal da Palavra (*Shabda*), você deve despertar a Essência e as Encarnações.

Usando o Conhecimento dado pelo Mestre, ponha à prova o Nome Sagrado e o reconheça em seu coração.

DUETO

Ó Dharam Das, seja cauteloso em si mesmo quando Yamraj desempenhar o seu engodo.

Tendo fé no Nome Sagrado, desperte as almas no Nome Sagrado.

Descrição de Kurambh Doot

Eu lhe expliquei a história de Rambh, e agora vou descrever as qualidades de Kurambh.

Ele se manifestará em Magadh (a parte sul da região de Bihar), e seu nome será "Dhanidas".

Kurambh Doot criará muitas armadilhas, e com o seu conhecimento ele iludirá as almas.

Yama destruirá pelo engano aqueles que têm o conhecimento vulgar dentro deles.

Dharam Das disse:
Ó Senhor, fale-me sobre o conhecimento que ele transmitirá.

Kabir disse:
Dharam Das, ouça a respeito da armadilha de Kurambh: Ele criará com firmeza uma armadilha, dizendo coisas verdadeiras.

Ele manterá as pessoas devotas ao sol e à lua, e frequentemente ele falará sobre as fases da lua.

Ele descreverá os cinco elementos como sendo a coisa mais importante, e a alma imprudente não entenderá o seu engodo.

Ele se espalhará pelo caminho da astrologia, trazendo a alma sob o controle dos planetas visíveis. Ele fará com que as almas esqueçam o Senhor.

Dando o conhecimento da água e do ar, ele descreverá os nomes do ar.

Ele apresentará muitas interpretações do *arti* e do *chauka*, e, enganando as almas, ele as enganará.

Quando ele fizer alguém seu discípulo, ele fará coisas especiais: ele lerá as linhas de cada parte do corpo.

Ó irmão, ele os examinará da cabeça aos pés. Colocando as almas na armadilha do Karma, ele as enganará.

Depois de examinar as almas, ele as pendurará em uma lança, e, após penduradas, ele as comerá.

Ele fará com que as almas doem ouro e mulheres como ofertas, e desta forma ele roubará as almas.

Amarrando as almas ele as conduzirá para frente e para trás, e, envolvendo-as em seus atos, ele as tornará discípulas de Yama (Kal).

Há oitenta e cinco ventos de Kal. Escrevendo os nomes destes ventos nas folhas de betel, ele fará com que as almas as comam.

Dizendo sobre a água e o vento, ele espalhará o caminho, e, em nome dos ventos, ele executará o *arti* (ritual).

Visualizando os oitenta e cinco ventos, ele cuidadosamente executará o *arti* e o *chauka*.

Ó irmão, ele examinará as marcas e verrugas em todas as partes do corpo, seja homem ou mulher.

Da cabeça aos pés, ele lerá todas as linhas. Ele analisará a "concha", o "círculo", e a "ostra" (ou seja, os formatos dos sinais do corpo).

Ó irmão, estes são os maus caminhos de Kal, pelo qual ele criará a dúvida nas almas.

Ao criar as dúvidas, Kal devorará as almas, e fará com que as suas condições sejam muito ruins.

Ouça mais sobre as maneiras de Kal. Tudo o que ele falar será falso.

Com a criação das sessenta divisões do tempo e dos doze meses, ele criará a ilusão no corpo.

Ele fingirá ao dar a Memorização do Nome de Deus, que está repleto dos cinco néctares, a essência da Palavra (*Shabda*), a morada de virtudes.

O que quer que tenha sido feito para a alma – Kal planeja colocar o seu engodo.

Ele falará sobre o uso dos cinco elementos, dizendo que este é o caminho.

Cinco elementos, vinte e cinco naturezas, três gunas e quatorze yamas serão chamados de Deus por ele.

Ó irmão, este Yama (demônio) criou o laço dos cinco elementos, ao qual ele capturará as almas.

Estando no corpo, se alguém presta a sua atenção nos elementos, onde ele irá depois de deixar o corpo?

Onde o seu desejo estiver, lá ele residirá; uma vez que a sua atenção está nos elementos, ele irá para dentro dos elementos.

Ele as fará abandonar a contemplação da Palavra e as manterá presas no (plano) físico.

Ó Dharam Das, o que mais posso dizer! Este Kurambh Doot fará atos atrozes.

Apenas a alma que entende e se funde a mim, esta reconhecerá sua natureza enganosa.

Todos os cinco elementos são parte de Kal. Seguindo-os, as almas perecem.

Dharam Das, você tem ouvido o jogo de Kurambh, que criará muitas armadilhas e pegará as almas.

Ao divulgar o caminho dos elementos, ele devorará incontáveis almas.

Em nome de Kabir ele estabelecerá seu caminho no mundo.

As almas que forem para ele, sendo controladas pela ilusão, cairão na boca de Kal.

DUETO

A Memorização da Palavra de Deus (*Simran*), que é cheia de néctar e preciosas qualidades, é a Essência do Nome Sagrado de Sat Purush.

Aqueles que o aceitarem firmemente em pensamento, palavra e ação, atravessarão o oceano do mundo.

Descrição de Jay Doot

Eu descrevi Rambh e Kurambh. Agora compreenda as promessas (*bani*) de Jay.

O Mensageiro de Yama é horrível, e este demônio chamará a si mesmo de "Origem".

Ele nascerá na aldeia de Kurkut e viverá perto de Bandhogarh.

Ele nascerá em uma família de sapateiros, e ele criticará as altas castas.

O Mensageiro chamará a si mesmo de servo do Senhor, e ele terá um filho chamado Garpat.

Ambos, pai e filho, serão muito dolorosos. Eles virão e atacarão suas famílias.

Ele dirá: "A Origem está comigo". Ó Dharam Das, ele arrastará vocês.

Ele dará o conhecimento de muitas escrituras, e mudará a conversa de Gyani e Sat Purush.

Ele dirá: "Sat Purush me deu o mantra primordial", e que "Dharam Das não reconheceu sua própria origem."

Dessa forma, este Kal será poderoso e criará dúvidas para as Encarnações.

Ele fará com que as encarnações acreditem nos seus ensinamentos, e imporá os seus ensinamentos a elas.

Pelo seu sinal as encarnações serão perturbadas, e até mesmo as almas puras se tornarão da mesma natureza de Kal.

Ele falará sobre a Palavra do Silêncio (*Jhana Shabda*), Ó irmão, e ele fará com que até mesmo as verdadeiras almas se esqueçam.

Tal como o corpo é criado pela água, dizendo isso ele imporá o seu caminho.

Ele dirá que a semente-raiz do corpo é o *karma*, e ele manterá a Palavra oculta.

Primeiro, ele manterá seus mantras escondidos. Quando o discípulo se tornar firme – só então ele falará.

Primeiro, ele explicará o conhecimento das escrituras, e mais tarde ele fará com que as almas se apeguem em Kal.

Ele dirá que o órgão feminino é a pedra filosofal e, pedindo permissão à discípula, ele a levará.

Primeiro ele falará palavras de conhecimento, e então ele fará os discípulos beberem o mantra raiz.

Tal raiz é a mina do Inferno. Este desonesto Yama decidiu jogar este engodo.

Ele explicará o significado da história da *Jhanjhari* Profunda (Grade Profunda), e dirá aos discípulos que contemplem o *Jhang Naam* (o Nome de Jhang).

Ele chamará de Som sem Limites o lugar do Poder Negativo, e pregará o caminho dos cinco elementos.

Ele irá para a caverna dos cinco elementos, onde ele fará diferentes coisas.

Ele iluminará os cinco elementos, e na caverna Jhang eles soarão muito alto.

Quando a alma de Sohang deixar o corpo, então diga, como irá Jhang protegê-la?

Kal criou a Grade (*Jhanjhari*) Profunda, e *Jhang* e *Hang* são ambos ramos de Kal.

Este injusto Kal os chamará de "imperecíveis" e, chamando-os de "Imortais", ele os enganará.

Ele descreverá muitas maneiras de realizar rituais, e ele terá muitos timoneiros (ou seja, sacerdotes).

Ele criará tudo com a Palavra de Kal. Ó Dharam Das, entenda isso com paciência.

Em todo lugar ele estabelecerá os ritos e rituais, e, usando meu nome, ele me ridicularizará.

Suas almas considerarão ninguém como sendo igual a ele, mas quando descobrirem seu segredo, sua ilusão irá embora.

Quanto tempo devo continuar falando sobre Kal? Aquele que é um Gyani entenderá por meio do discernimento.

HINO

Aquele que tem a Lanterna do Meu Conhecimento nas mãos reconhecerá Yamraj (Kal).

Desistindo dos prazeres criados por Kal, tal alma terá o seu trabalho acelerado.

Apenas o conhecedor entenderá as maneiras de viver e o discernimento.

Aqueles que prestarem atenção à Minha Palavra deixarão a casca e levarão apenas a Essência.

DUETO

Ó Dharam Das, entenda os caminhos enganosos dos filhos de Yama.

Darei um sinal às almas para que Yama não possa detê-los.

Ó Dharam Das, as almas, sob o controle da ignorância, não reconhecem os sinais de Kal.

Mas enquanto permanecerem presos às encarnações, Kal os manterá pobres.

Aqueles que falam em vão e se lembram de Kal, estes abandonarão a Palavra e Kal se manifestará dentro deles.

Quando a Raiz atacar as encarnações, aquelas almas cairão no engano, desistindo da Verdade.

Kal virá para destruir as Encarnações, e na ilusão da matéria ele prenderá as almas.

Mas as Encarnações serão despertadas pelos meus meios, e será cessada a atividade da Raiz.

O Filho de Nad não será afetado, e ele aceitará a minha Palavra com firmeza.

Com o apoio do Nome Sagrado ele terá um modo de vida radiante, conhecimento, compreensão e qualidades.

O injusto Kal não vai devorá-lo. Saiba isso como verdade, Ó irmão!

A descrição de Vijay Doot

Agora ouça as qualidades de Vijay (o caminho da perdição através das coisas que causam prazer), que eu estou explicando a você integralmente.

Ele nascerá em Bundelkhand, e manterá o nome Gyani.

Organizando um *ras* e tocando a flauta, ele fará com que as almas fiquem firmes no *Sakhi Bhav* (Citação das Amigas).

Ele manterá muitos companheiros do sexo feminino com ele, e chamará a si mesmo de segundo Krishna.

Ele enganará as almas, pois, sem o conhecimento, como podem elas reconhecê-lo?

Ele dirá que diante dos olhos está a sombra da mente, e que acima do nariz está o céu.

As almas cairão no engano enevoado de Yama – um pintor que usa as cores preto e branco.

Momento após momento ele será caprichoso e não será constante. Elas (as almas) tentarão ver isto com os olhos externos.

Kal mostrará a sombra da mente, e chamará essa sombra de meios para a libertação.

Ele fará com que as almas abandonem a verdadeira Palavra para que possam ir para a boca de Kal.

Ó Dharam Das, eu lhe expliquei o que Yamrai fará.

Todos os quatro Mensageiros criarão ilusões profundas, e desta maneira eles roubarão as almas.

OS CAMINHOS DA SEGURANÇA CONTRA ESTES MENSAGEIROS

Definitivamente eu acenderei a Lâmpada do Conhecimento para que Kal não arruíne as almas –

Tal como eu adverti Indra Mati – que permaneceu cautelosa – e assim Kal não a conquistou.

DISCURSO DOBRE O FUTURO – DIFERENTES ASSUNTOS

Ó irmão, eu estou explicando a você o que acontecerá no futuro.

Enquanto você permanecer no corpo, Kal não se manifestará.

Quando você cessar a sua atenção, ele começará a sua conversa vã, e quando você deixar o corpo, Kal virá em seguida.

Ele destruirá a sua família, e, com sua ilusão, Kal os agradará.

Na família haverá muitos timoneiros (líderes). A Essência do Néctar provará o veneno.

Usando o *Mool* e o *Bindh* (marca na testa) ele maculará a família.

A família terá que enfrentar uma grande decepção quando Hang Doot se juntar à família e viver com eles.

Como Hang Doot cresce mais forte, ele fará com que os membros da família lutem entre eles.

Devido à sua natureza, eles não abandonarão Hang, e de novo e de novo ele os perturbará.

Ele matará sua própria essência – e, depois de ver isso, a disputa aumentará.

Kal não será capaz de ver a luta, então ele encontrará uma maneira de sair da família.

Sua família falará sobre muitas experiências e criticará o Filho de Nad (Filho Espiritual).

Aqueles que se tornarem timoneiros se tornarão egoístas. Por causa do seu egoísmo, eles não reconhecerão o Senhor e enganarão muitas almas.

É por isso que eu estou explicando que você deve avisar sua família.

Amorosamente eles devem conhecer o Filho de Nad que irá se manifestar.

Ó Dharam Das, tu és o meu Filho de Nad. Entenda a mente tal como Yama.

Mesmo que Kamal, meu filho, dê a vida aos mortos, ainda assim o Mensageiro estará dentro dele.

Considerando a mim como se fosse seu pai, ele é um egoísta. É por isso que eu o autorizei.

Eu sou o amigo do amor e da devoção. Eu não quero cavalos e elefantes!

As almas que me aceitarem com amor e devoção, residirão em Meu coração.

Se o egoísmo me agradasse, eu o teria autorizado aos *kasis* e eruditos.

Eu vi você se tornar humilde e vir ao meu Refúgio, controlado pelo Amor,

É por isso que, Ó Dharam Das, eu ensinei você e o autorizei.

Dê esse ensinamento ao Filho de Nad para que o Caminho possa brilhar.

A família terá muitos egos: "Nós somos os filhos da família de Dharam Das".

Onde há o ego, eu não estarei lá. Dharam Das, entenda isso como verdade em sua mente:

Onde há o egoísmo, a forma de Kal estará lá, e tais almas não chegarão à bela Sat Lok.

Dharam Das disse:

Ó Senhor, estou sob o seu controle – o teu servo – e não abandonarei as suas ordens.

Ó Swami, eu farei o Filho de Nad o Sucessor, mas a minha família também deve ser libertada, Ó Todo Consciente!

Kabir disse:

Ó Dharam Das, sua família será libertada. Apague esta dúvida!

Ouça, Ó Dharam Das! Como é que aqueles que aceitam com firmeza a devoção à Palavra não seriam libertados?

Vou libertá-los todos, se eles viverem de acordo com os Meus Caminhos. Se eles aceitarem a Minha Palavra, liberarei os Quarenta e Dois.

Os que aceitarem a minha Palavra serão a família amada, e, sem a minha palavra, não é possível fazer a travessia.

Dharam Das disse:

Quarenta e Duas encarnações são as Suas Essências. Libertando-as, que grande feito Você fará!

Ó Senhor, se Você libertar as essências dessas encarnações, então haverá glória em sua ida ao mundo.

Kabir disse:

As Quarenta e Duas encarnações de sua Essência, eu libertei com Uma Palavra minha.

De outras famílias menores, ninguém será libertado sem receber o sinal.

Quando se une com a Semente, isso é chamado de "família", e tal não virá a ser concretizado sem a Palavra.

O Todo Competente deu o seu apoio às Quarenta e Duas Encarnações.

Para ambas as encarnações e Essências, a Palavra é a mesma.

As Encarnações serão maiores, e as Essências menores.

Através dE Minha Palavra, a Essência Maior despertará, e a Encarnações menores irão segui-la.

Elas estabelecerão a senda e mostrarão o caminho às almas esquecidas.

Elas estabelecerão o caminho do *Nad* e do *Bindh*, e Chudamani libertará as almas.

Ó Dharam Das, sua família se tornará ignorante, e não reconhecerá os Sinais das Essências.

Ó irmão, estou dizendo a você tudo o que acontecerá no futuro.

Você terá uma Semente em sua sexta geração, e até mesmo aquela Geração se esquecerá das Encarnações.

Sua Geração se tornará tão ignorante que aceitará o caminho de Taksari.

Eles desistirão de nosso Caminho e todos eles seguirão o caminho de Taksari.

Eles realizarão o *Chauka* de tal modo que muitas almas irão ao ciclo das oitenta e quatro.

Eles terão um enorme egoísmo e lutarão com o filho de Nad. Sua família se tornará mal intencionada e Verbo Encarnado irá detê-los.

Dharam Das disse:

Agora as minhas dúvidas aumentaram. Ó Senhor, diga-me as palavras definitivas.

Primeiro Você disse isto: "Eu tenho mantido os Quarenta e Dois sob a Minha Proteção".

Agora Você diz que eles serão controlados por Kal! Como pode ambas essas coisas acontecerem?

A GLÓRIA DA ENCARNAÇÃO DE NAD

Dharam Das, fique ciente! Eu estou explicando a você sobre a Palavra Encarnada.

Sempre que Kal causar repentinamente uma discussão, eu lá irei para ajudar.

Então eu manifestarei a alma de Nad e, eliminando a ilusão, tornarei o mundo firme na devoção.

O Filho de Nad (sinônimo de "Palavra") é a Minha Essência, e por meio dele o Caminho será glorificado.

O Verbo Encarnado será consciente, mas sua geração não terá amor por ele.

O Verbo Encarnado será despertado pelo Nome Sagrado, e findará a emboscada de Kal.

Sua Geração não acreditará nele, e eles não serão unidos no Nome Sagrado.

O Filho de Nad terá desejo pelo Nome Sagrado, ao passo que a sua Geração se esquecerá.

Ó Dharam Das, você pode comprovar isto: o Nome Sagrado não será manifestado por aquela Geração.

Veja a história das quatro eras: a Caminho sempre foi manifestado pelo Nome Sagrado.

Se alguém é sem qualidades ou cheio de qualidades, sem o Nome Sagrado ele não pode manter o Caminho.

Ó Dharam Das, tu és o meu Filho de Nad. É por isso que eu lhe dei a Corda da Libertação.

Desta forma, eu libertarei os Quarenta e Dois. Sempre que eles caírem, eu os resgatarei.

Olhando para a Geração que não aceitará a Palavra do Nome Sagrado, Kal irá agarrá-los.

Os Encarnados que acreditarem no Nome Sagrado serão libertados, e libertarão muitas outras almas.

Ó irmão, onde está a Palavra Sagrada? Onde está a Geração? Sem a devoção à Palavra, não se pode ir para Sat Lok.

A IMPORTÂNCIA DO MESTRE

Não se deve ver alguém como sendo maior do que o Mestre, e ele deve considerar o Mestre como o Maior de Todos.

Ele deve considerar seu Mestre como o melhor, e ele deve entender os ensinamentos de seu Mestre como sendo verdadeiros.

Sua Geração lutará tal como isto: sem o Mestre, ele quererá atravessar o oceano do mundo.

Sendo desprovido de um mestre, ele ensinará o mundo! Ele próprio está afogado, e fará os outros se afogarem.

Sem o Mestre não há libertação: Aqueles que tomam o Mestre

atravessam o oceano.

Pela força ele criará afinidades às Encarnações, e então Kal os devorará.

Quando o mundo estiver preso nos relacionamentos e famílias, então as Encarnações podem ser enganadas.

Então Kal vier ele devorará as almas, e, convertendo-as de muitas formas diferentes, ele as trará de volta ao mundo.

Então o Meu Nad virá e chamará – olhando para aqueles ao qual Kal executará primeiro.

É por isso que, Dharam Das, eu estou alertando você: eu expliquei a você de muitas maneiras sobre o Verbo Encarnado.

Aqueles que querem escapar dos embustes de Kal devem manter o seu amor pelas Encarnações de Nad.

A Geração que abandonar o auxílio da Encarnação de Nad será presa por Yama.

O Mensageiro criará muitas armadilhas, cuidando para que as almas sejam atraídas.

Aqueles que não tiverem amor em seu coração pela Encarnação de Nad, irão para a boca de Kal.

É por isso que eu lhe expliquei sobre tudo isso, e o tenho avisado.

As almas que conhecem a Essência de Nad, e aquelas que reconhecem os Sinais do Verbo Encarnado,

Aquelas que reconhecem o verdadeiro Nome Sagrado, estes Yama não pode impedi-los!

Dharam Das, eu estou explicando isso a você – aceite as minhas palavras, escutando atentamente:

Vá e diga para as almas que o Verbo Encarnado veio para libertar o mundo.

Elas não devem deixar o Verbo Encarnado – que é Nad – e elas devem sempre ter amor por Nad.

Elas não devem tomar partido nas disputas entre os parentes e as famílias. Se elas tomarem partido, cairão em sofrimento.

De muitas maneiras eu o tenho alertado. Aquele que for cuidadoso não sofrerá.

Desta forma a sua Geração irá com Nad, zelando para que os Mensageiros se arrependam em seus corações.

Desta forma, a Geração se tornará feliz. Os Mensageiros não

atingirão a Geração que estiver com Nad e o Verbo Encarnado.

Dharam Das levantou-se e rogou: Ó Senhor, agora explique-me isto:

Você falou muito sobre a importância de Nad, e mencionou o Verbo Encarnado abaixo dele.

Ó Meu Senhor, diga-me a razão pela qual Você criou o Verbo encarnado.

Se a Encarnação de Nad despertará o mundo, então quando o Verbo Encarnado operará?

Ouvindo estas palavras, o Mestre Sagrado riu, e explicou cuidadosamente para Dharam Das:

Porque Gargin (aquele que faz sua presença ser sentida) não aceitou Nad e o Verbo, sendo por isso que Eu criei a Geração.

"Bind" (Apego ou Vínculo) é um nome, e é chamado "Bind" após conhecer a Essência.

O Verbo Encarnado é a Essência de Sat Purush. Alcançando Sua Morada, a alma ficará livre deste mundo.

Quando ambos, Nad e a Geração, se reúnem, só então a boca de Kal permanecerá fechada.

Como eu disse antes, Nad e Bind virão juntos,

Porque sem Nad, Bind não se desenvolverá, mas sem Bind, Nad libertará.

Ó irmão, na *Kali Yuga*, Kal é muito difícil: sob a forma do egoísmo ele devorará a todos.

A união com Nad acontecerá depois de desistir do egoísmo, enquanto Bind estará cheio de egoísmo.

É por isso que Sat Purush criou esta âncora, e fez Nad e Bind como duas formas diferentes.

Aqueles que se lembrarem da forma da Verdade, abandonando o egoísmo, estes se tornarão Cisnes.

Ó irmão, se alguém é Nad ou Bind, a qualidade do egoísmo não será boa para ninguém.

Aqueles que possuem ego, estes serão afogados no oceano do mundo e completamente presos nas armadilhas de Kal.

Quando a qualidade do egoísmo vier aos Encarnados, as diferenças entre Nad e Bind serão criadas.

Se os Encarnados se opuserem, todos, sendo controlado por Kal, seguirão pelo seu caminho.

Dharam Das disse:

Senhor, ouve o meu pedido: Com a Tua graça as almas serão libertadas.

Você me fez entender a forma de Nad e Bind, e Você me falou sobre o segredo de suas libertações.

Todas as almas irão para o Seu Lok. Então, o que fará Narayan Das?

Porque se ele é chamado de meu "filho" no mundo, é devido à preocupação de ele vir em minha mente.

Todas as almas do oceano do mundo atravessarão, mas cairá Narayan Das na boca de Kal?

Isso não é bom. Ouça o meu pedido, Ó Doador – Oceano da Felicidade!

Ó Swami, liberte-o! Este é o meu pedido, Ó Todo-Consciente.

Kabir disse:

Ó Dharam Das, de novo e de novo eu tenho dito a você, mas em seu coração você não acredita:

Se os quatorze Yamas (demônios) forem para Sat Lok, me diga, quem prenderá as almas?

Agora eu reconheço a sua inteligência. Conscientemente, você se tornou aquele que nada sabe.

Você começou apagando as ordens de Sat Purush. Quando alguém se esquece do Conhecimento, o apego e a ilusão despertam.

Quando a escuridão do apego domina o coração, a pessoa se esquece do Conhecimento e abandona o seu trabalho.

Sem fé, a devoção não pode ser feita; e sem nenhuma devoção nenhuma alma pode atravessar.

Mais uma vez você foi pego na armadilha de Kal. É por isso que o apego ao seu filho foi despertado em seu coração.

Apesar de você ter visto claramente que Narayan Das está sob o controle de Kal –

Ainda assim você se torna teimoso e não entende nem mesmo uma só palavra minha.

Ó Dharam Das, o que você acabou de me dizer – você não pensava sobre isso em seu coração.

Você não acredita em mim. Tenha fé no Mestre – por que você tem fé no mundo?

Se alguém se encontra com o Mestre, desiste de tudo e de si próprio, tão afortunado aquele que sobe as escadas da Verdade.

Se alguém adquire apego, a ilusão é despertada, e que infeliz é aquele que desiste de toda a devoção e conhecimento.

Você é a Essência de Sat Purush. Você veio ao mundo para assumir o trabalho de despertar as almas.

Se você mesmo desistir da fé no Mestre e, olhando para as coisas no mundo, você se apega a elas,

Então, onde é o lugar das almas? Isto mostra claramente, Dharam Das, que a sua família também fará o mesmo.

Eles sempre queimarão no fogo do apego e isso criará diferenças na família.

Dizer: "Sem o filho o nome não pode continuar", e, "sem a esposa não pode haver nenhuma casa", tudo isso – tal como o orgulho da família – são os truques de Kal.

Nisto todos esses membros da família esquecerão, e não obterão o Caminho da Verdadeira Palavra.

Olhando para os outros, as almas serão presas nessas coisas – e os Mensageiros ficarão felizes vendo isso.

Então, os Mensageiros se tornarão poderosos, e, agarrando as almas, eles as enviarão para o inferno.

Quando as almas são apanhadas na armadilha de Kal, elas se perderão na luxúria, no apego, na ganância e no egoísmo.

Elas não terão fé no Mestre, e, ouvindo a verdadeira Palavra, elas a queimarão.

Ouça os sinais daqueles que terão a Palavra Sagrada dentro deles:

Eles não serão atingidos por Kal, e não terão luxúria, ira, egoísmo e ganância neles.

Desistindo dos apegos e desejos, eles manterão sempre as Palavras do Mestre Sagrado em seu coração.

Como a serpente mantém a joia em sua cabeça, da mesma forma o discípulo deve sempre manter as ordens do Mestre em sua cabeça.

Esquecendo-se do "filho" e da "mulher", e deixando os prazeres, a alma que toca os pés de Sat Purush torna-se o Cisne.

Ó Dharam Das, apenas um bravo pode obedecer constantemente às apaziguantes Palavras do Mestre.

Tal alma vai para Sat Lok e, para ela, a libertação não está longe.

DUETO

Deixando as complicações do karma e das ilusões, eu adoro os pés do Mestre.

Tendo uma fé firme no Nome Sagrado do Mestre do Caminho (*Gurumukh*), entendo o corpo como cinzas.

Ouvindo estas palavras, Dharam Das teve vergonha, e em sua mente ele ficou completamente arrependido.

Correndo, ele caiu nos pés do Mestre Sagrado (Satguru) e disse: Ó Senhor, me ajude. Eu sou um ignorante!

Ó Swami, perdoe meu erro! Aceite este pedido, Todo-Consciente.

Eu sou o ignorante que ignorou suas palavras, e fez pedidos de novo e de novo.

Agora vim para os Seus Pés e faço este pedido:

Se a criança se tornar teimosa na frente do pai, este último não se preocupa com o "bom" ou o "mau".

Sua Palavra é a Libertadora dos pecadores, então, por favor, não considere a minhas más qualidades.

Kabir disse:

Ó Dharam Das, você é a Essência de Sat Purush: Desista de Narayan Das e da família.

Usando o Nome Sagrado, olhe para o seu coração – Ó Dharam Das! Não há nenhuma diferença entre eu e você!

Você veio a este mundo para o bem das almas, e você estabelecerá o Caminho no oceano do mundo.

Dharam Das disse:

Ó Senhor, Tu és o Doador do Oceano da Felicidade! Tu me fizeste um servo e um verdadeiro discípulo.

Kal havia tomado o meu intelecto, até que eu O reconheci!

Desde que Você me fez seu (discípulo), eu tive firme conhecimento.

Segurando com firmeza os seus pés, eu digo que o mundo não está mais dentro de mim.

Se eu tiver desejo por qualquer outra pessoa – desistindo de Você – então que eu volte a viver no inferno!

O Satguru disse:

Dharam Das, você é abençoado por me reconhecer, e, obedecendo minhas palavras, por renunciar a seu filho.

Quando o espelho do coração do discípulo é polido, só então a imagem do mestre pode ser vista.

Só quando o discípulo mantém a forma do Mestre no seu coração, ele destrói todos os ramos de Kal.

Enquanto a pessoa tem desejos ardilosos, tal servo não vê o Mestre.

Quando o discípulo se devota aos Pés do Mestre com a atenção unidirecionada, ele é libertado do apego e o Conhecimento é despertado.

Quando a Lâmpada do Conhecimento chega no coração, Ele destrói todos os apegos e ilusões.

Quando ele retorna novamente ao Mestre Sagrado (*Satguru*), é como a gota dissolvendo no oceano.

Kabir diz: Quando a gota se perde no oceano, então todas as preocupações acabam.

Ó Dharam Das, esta é a Glória de Pés do Mestre. Então desista da ilusão e do orgulho, e aceite os Pés do Guru.

Ao aceitar, todos os sofrimentos terminam. Sem o Mestre, o discípulo continua triste.

Agora eu estou lhe dizendo uma coisa, ouça o que fará com que suas dúvidas vão embora:

Narayan Das não acreditará em você. Ele fará o que vier em sua mente.

Não há nada a duvidar sobre este fato – que no mundo o seu caminho também existe.

Olhando para o Caminho que a Nossa Essência manterá, ele fará crescer a disputa.

Ele não será capaz de resistir à popularidade de nosso Caminho – de modo que ele chamará seu caminho de maior que o nosso.

Com egoísmo completo, ele manterá o seu caminho, e ele considerará todos os outros inferiores.

Ele será um egoísta na presença dos Sábios e Santos, e ele não acreditará nos Filhos de Nad.

Enquanto ele se comportar desta maneira, ele não conseguirá o Caminho da Verdade.

O Verbo Encarnado e Nad são os Timoneiros – ele será libertado somente quando o encontrar,

Desista do egoísmo do nome e da fama. Quando ele conseguir a verdadeira Palavra da Verdade (*Satya Shabda*) em seu coração,

Quando ele chamar o Verbo Encarnado de Essência – somente então, Dharam Das, ele será apreciado por mim.

Somente aquele que desiste de sua casta e não permite que o apego venha, este será chamado de Essência do Verbo Encarnado.

Aquele que esquecer a condição de sua família, certamente este será a Essência das Encarnações.

Então eu os libertarei. Eu estou dizendo a você esta verdade, e isso não é falso.

Ó Dharam Das, tenha essa fé em seu coração, pois eu não disse uma palavra em que não se possa ter fé.

Sem fé a alma não fará a travessia, e sem fé no Mestre, a alma aceitará Kal.

Ó irmão, não há Doador como o Mestre. É por isso que você deve manter seu coração absorto aos Pés do Mestre.

HINO

Não existe nenhum outro Doador no mundo. Entenda o Mestre como o Doador da Libertação.

Tornando a pessoa livre de seus caminhos baixos, o Mestre explica o Conhecimento:

Tornando as almas firmes na devoção, Ele as leva para o Colo da Palavra.

DUETO

Aquele que não percebe qualquer diferença entre o Mestre e Sat Purush,

Este recebe o Reconhecimento Perfeito, e para ele os sofrimentos de Kal cessam.

Ó Dharam Das, veja as qualidades do *Satguru* (Mestre Sagrado) –

como Ele firmemente acredita e tem fé.

Considere a alma envolvida em ritos e rituais – como ela firmemente permanece em sua fé.

Ela traz a argila para si mesma, e ela mesmo fabrica o ídolo do Criador.

Ela oferece arroz e flores para isso. Com amor e fé ela o contempla com sua mente.

Então, considerando (o ídolo) como o Criador, ele o adora, e não deixá sua fé se romper.

Como não existe amor no engano, o mesmo amor torna-se vivo para ele.

Estas almas que têm amor pelo Mestre como este homem tem pelo ídolo são inestimáveis, e eles se tornam o Cisne Amado do Senhor.

Olhe para o amor daqueles adoradores de ídolos – quão firmemente eles são embaraçados no engano.

Eu mesmo tenho dito a você o Nome (*Naam*) do Mestre, e tenho lhe dito que não há diferença entre o Mestre e Sat Purush.

Então, as almas permanecerão sob o controle de Kal, e elas não terão fé no Mestre.

Quando a pessoa não tem fé no Corpo do Mestre, focando sua atenção no vazio, ela enganará a si mesma.

Aqueles que firmemente confiarem no Mestre, para eles a libertação não poderá ser adiada.

Aqueles que têm uma fé firme ao qual não deixam o Mestre ou colocam sua atenção em qualquer outro lugar –

Este modo de vida da alma é precioso, e tal alma tinge seu corpo da cor do Amor.

Amorosamente compreendem que a Palavra do Mestre é o Néctar, bebendo o que faz o mau intelecto ir embora.

Ó Dharam Das, considerando tudo isso em seu coração, seja firme em sua fé no Mestre.

HINO

Desta forma, tendo fé firme nos Pés do Mestre, ame-o constantemente.

Acendendo a Lâmpada do Conhecimento do Mestre no coração, remova a escuridão dos apegos.

Pela glória da poeira dos Pés do Mestre, os pecados certamente irão embora.

Não há outra maneira de conseguir a libertação, exceto pela fusão fiel com o Nome Sagrado.

DUETO

Este mundo é muito fundo. Aceite a Palavra com amor e determinação.

Pela Graça e Suporte do Mestre, obtém-se a Palavra do Mestre tal como o Timoneiro.

OS MODOS DE VIVER DO MESTRE (GURU) E DO DISCÍPULO

Dharam Das fez este pedido: Tu és o meu Senhor e eu sou Teu servo.
Mestre, perdoe os meus erros, mas graciosamente me diga –

Os modos de vida dos Mestres e dos discípulos. Explique isto para mim.

O Satguru disse: Ó você que guarda as palavras do Mestre, o Mestre é o apoio no que é Concebível (*Nirgun*) e no Inconcebível (*Sargun*).

Nenhum acordo pode ser feito sem o Mestre. Sem o Mestre o oceano do mundo não pode ser atravessado.

Entenda o discípulo como a concha da ostra, e o Mestre como a pérola; o Mestre é como a Pedra Filosofal e o discípulo é como o ferro;

O Mestre é como a Montanha Malay; e o discípulo é como a cobra – tocando o Mestre o corpo se torna frio.

O Mestre é o Oceano e o discípulo é a Sua onda; o Mestre é a Lâmpada e o discípulo é a mariposa.

Entenda o discípulo como o pássaro da lua, e o mestre como a Lua; os Pés do Mestre são o Sol e o discípulo é como o lótus que floresce.

Se o discípulo está determinado neste tipo de amor, e se ele mantém o vislumbre (*darshan*) dos pés do Mestre em seu coração,

Quando o discípulo se lembra do Mestre desta maneira, entenda que o discípulo é igual ao Mestre.

Pense sobre a diferença entre um mestre e os demais, como todo o mundo está chamando, "mestre, mestre."

Ele é o Mestre que manifesta o Nome Sagrado nas almas pela força ao qual as almas vão para Casa.

Não há nenhuma carência neste Mestre. O Caminho de tal Mestre e o discípulo é o mesmo.

HINO

O mundo todo está envolto em diferentes tipos de pensamentos, atos e emoções.

A alma caiu na armadilha da ilusão e não sabe como voltar para o Lar Verdadeiro.

Há muitos mestres no mundo e eles fizeram armadilhas artificiais.

Sem o Mestre Sagrado a ilusão não cessará, pois o terrível Kal é muito poderoso.

DUETO

Eu me sacrifico no Satguru, que dá a Mensagem Imortal.

Encontrando com Ele, as almas tornam-se únicas e encontram Sat Purush.

Dia e noite deve-se prestar atenção no Mestre, e deve-se habitar em si mesmo como os Sábios e os Santos.

Aquele a quem o Satguru derrama a sua graça, seus laços com o karma são queimados.

Se alguém faz um esforço e remove a sua atenção (nas coisas do mundo), o Satguru o
faz chegar a Sat Lok (o Paraíso).

O Satguru corta a armadilha para aquele que, depois de fazer o *seva* (serviço), não possua nenhum desejo.

Aquele que mantém sua atenção aos Pés do Mestre vai para o Plano da Imortalidade.

Não importa se a pessoa se torna um yogi e pratica yoga – sem o Mestre, ele não atravessará o oceano do mundo.

O discípulo que obedece à ordem do Mestre, com a graça do Mestre cruza o oceano do mundo.

A alma que é devota do Mestre, para ele, não há diferença entre os Sábios e o Mestre.

Aquele que não vê nenhuma diferença entre os Sábios e o Mestre, este o entende como o Verdadeiro Mestre.

As pessoas do mundo não entenderão os discípulos do Mestre, e o modo de vida dos Sábios.

Compreenda essas pessoas como as que estão na armadilha de Kal; tais Mensageiros são a essência de Kal.

Ó Dharam Das, estes são os seus sinais: A perdição das almas acontecerá por causa deles.

Aquele que conhece o Caminho do Amor do Mestre reconhecerá o Caminho do verdadeiro Nome Sagrado.

Os Mestres tornam as almas firmes na devoção a Sat Purush, e, fazendo-as praticar a ouvir e ver, eles as fazem ir para Casa.

Desista da esperteza e da tolice, se alguém ama com todo o seu coração, então, sem dúvida, ele chega à Morada Real.

Depois de atravessar o oceano do mundo, ele não voltará.

O Nome Sagrado (*Sat Naam*) é o Precioso Néctar. Aquele que recebe este Imutável Néctar,

Desistindo das qualidades do corvo, ele aceita as qualidades do Cisne (Hansa), mantendo sempre sua atenção nos Pés do Mestre.

Há muitos outros maus caminhos que ele não levará em sua mente.

Aquele que sempre tem amor pelos Pés do Mestre, e pelo bom caminho, Ó Dharam Das, tal alma irá para Sat Lok.

DUETO

Desistindo das amarras dos karmas e das ilusões, amo os Pés do Mestre.

Compreendo o seu corpo como cinzas, e tendo fé nas palavras do Mestre do Caminho.

V – EPÍLOGO

Dharam Das ficou muito feliz em seu coração. Lágrimas saíram de seu coração e, oprimido, disse estas palavras:

Em meu coração havia a escuridão, ao qual Você removeu pela Luz da Graça.

Em seguida, controlando a si mesmo, disse: "Ó Deus, como poderia eu louvá-lo?

Agora, Senhor, ouça o meu pedido: Diga-me como diferenciar dentre as almas.

Quais almas devo iniciar? Ó Todo Competente, diga-me isso, dando-me os seus sinais".

OS SINAIS DAS ALMAS DESTINADAS AO NAAM (NOME)

O Satguru disse:

Ó Dharam Das, não se preocupe. Dê a Mensagem da Libertação para as almas.

Aqueles que você acha que são humildes e dedicados, digam-lhes sobre a Devoção da Libertação.

Dharam Das, dê a Palavra da Iniciação aos que tem misericórdia, castidade, e perdão dentro deles.

Diga-lhes a Mensagem de Sat Purush: fique firme na contemplação da palavra dia e noite.

Aquele ao qual a graça não é derramada, e o que não acredita no Nome Sagrado, este vai na direção de Kal.

O verdadeiro Nome Sagrado não residirá naquele de visão vacilante.

Saiba que o próprio Mensageiro veio a residir naquele cujo na adversidade se mantém firme.

Aqueles que têm um sinal em seus olhos, entenda-os definitivamente como sendo a forma de Kal.

Aqueles que têm uma cabeça pequena e um grande corpo – o engano permanecerá sempre em seus corações.

Não dê a eles o Sinal de Sat Purush, pois tais almas levam à perda do Caminho.

O CONHECIMENTO DO CORPO DE LÓTUS

Dharam Das disse:

Ó Senhor, Tu fizeste bem-sucedido o meu nascimento. Tornando-me livre de Yama (Kal), Tu me fizeste pertencer a Ti.

Mesmo que alguém tivesse mil línguas em sua boca, mesmo assim suas qualidades não poderiam ser descritas.

Ó Senhor, estou muito feliz. Quem mais é tão afortunado quanto eu?

Apenas aquela alma em cujo coração reside a Tua Palavra é afortunada.

Agora ouça o meu pedido, e diga-me a descrição desse corpo.

Qual deus vive em que lugar, e que tipo de trabalho ele faz?

Quantas veias existem lá, e quanto sangue e cabelo existem? E por quais rotas as respirações fluem?

Senhor, fale-me sobre o intestino, a bile, e os pulmões.

Senhor, descreva-me onde estas coisas estão localizadas, dando-me os sinais.

Quantas pétalas há em cada lótus, e dia e noite, quantas respirações vêm e vão?

De onde emana a Palavra (*Shabda*), e diga-me para onde ela vai e se funde?

Se alguma alma adquire a luz radiante, Ó Senhor, diga-me como a reconhecer.

Qual vislumbre de Deus ele está tendo, e explique tal lugar para mim.

O Mestre Sagrado (Satguru) disse:

Dharam Das, ouça agora sobre o corpo, que é diferente da Palavra de Sat Purush.

No primeiro chakra central está uma flor de lótus de quatro pétalas, onde vive Ganesha.

Ele é chamado de doador das qualidades do conhecimento e, ao fazer a contemplação e os seiscentos mantras (*japas*) ele pode ser experimentado.

Acima do (chakra do) lótus central está o *akhara* (o centro sexual), e lá está o lótus das seis pétalas.

Brahma, Savitri e os deuses lá governam, e seis mil *a-japas* (não-mantra, ou a consciência do que o mantra significa) lá soam.

Em *nabhi* está o lótus de oito pétalas; Vishnu e Lakshmi são os principais (deuses) que vivem lá.

Indo para lá se obtém a prova dos seis mil *a-japas*, e este lugar pode ser alcançado apenas através da prática do Caminho dos Mestres.

Acima está o lótus de doze pétalas, e em tal lótus Shiva e Parvati residem.

Lá os seis mil *a-japas* acontecem – testemunhe isso pelo conhecimento do Mestre.

A alma vive no lótus de dezesseis pétalas, onde mil *a-japas* acontecem.

O seu lugar é entre as duas sobrancelhas, onde está a morada do Rei da Mente.

Ó Dharam Das, preste atenção: Mil *a-japas* acontecem lá.

Dharam Das, Deus das Almas, entenda isso.

Acima das duas pétalas é o lugar do Vazio onde a luz é cintilante. Entenda isso como (Kal) Niranjan.

Ó Dharam Das, ouça a Mensagem da Palavra Sagrada. Eu estou dando a você o ensinamento da sabedoria interior.

Mais uma vez ouça a respeito do corpo, e tenha fé apenas na Única Palavra.

O corpo é criado pelo sangue. Milhões de cabelos têm adornado os corpos do mundo.

Há setenta e duas veias principais, mas há apena uma ao qual, ao ser preenchida, obtém-se a Forma de Verdade.

Quando a Palavra Sagrada é manifestada, as qualidades do lótus se projetam.

Quando a Palavra Sagrada é emanada, a pessoa penetra o Vazio e se funde nele.

O intestino mede vinte e uma mãos, e (a medida do) estômago é aproximadamente um e um quarto do comprimento do braço.

O plexo solar mede um e um quarto do comprimento do braço; vai-se até a caverna através das aberturas.

Compreenda a bile (vesícula biliar) como (a largura de) três dedos, e do coração como (a largura de) cinco dedos.

Os pulmões são (da largura) de sete dedos, e neles residem sete oceanos.

Retirando o ar do corpo, o Sábio toma o caminho do *yogi*.

Eles continuam praticando sua yoga, e, sem devoção, são varridos do mundo.

DUETO

O Yoga do Conhecimento Verdadeiro é a Morada da Felicidade, a partir do qual se obtém a Palavra e se vai até a Morada Real.

A alma (então) se torna livre após destruir o inimigo muito poderoso.

Ó Dharam Das, através do conhecimento do Mestre, entenda os caminhos da mente.

A mente mostra a luz no vazio, e a própria mente cria os diferentes tipos de ilusões.

O sem-forma (*nirankar*) foi criado pela mente, Ó irmão. E a criação da mente é espalhada ao longo dos três mundos.

Em muitos lugares, a alma inclina a cabeça – por não reconhecer que o seu próprio *eu* está sendo enganado.

Este é todo o desejo de (Kal) Niranjan, e sem a verdadeira Palavra, sua armadilha não pode ser cortada.

Como o tocador do realejo inflige dor ao macaco, fazendo-o dançar de maneiras diferentes,

Da mesma forma a mente faz a alma dançar, mantendo-a firme na profunda armadilha dos karmas e ilusões.

A verdadeira Palavra Sagrada desenraiza a mente. Somente as pessoas raras, que conhecem o Seu segredo, reconhecem a mente.

Recebendo a mensagem de Sat Purush, a mente fica com inveja e leva a alma em sua direção.

Ó Dharam Das, estes são os caminhos da mente. Reconheça a mente e aceite os Pés.

Neste corpo ninguém mais vive. Mente e alma vivem sozinhas nesta casa.

A mente está presa nos cinco (órgãos dos sentidos ou elementos), vinte e cinco (naturezas), e três (qualidades) – todos estes são escravos de (Kal) Niranjan.

Quando a Essência da Sat Purush vem à alma, ela se lembra do sinal do seu Verdadeiro Lar.

Esses escravos cercaram a alma. A menos que ela os reconheça, a alma também se torna escrava de Yama.

Como um papagaio preso em uma gaiola, estando controlada pela ilusão, a alma não conhece a si mesma.

Como o leão, vendo seu reflexo na água e reconhecendo-o como um outro,

Saltando para a água, ele perde a sua vida – Da mesma forma a alma é enganada e não reconhece a si mesma.

Como os cães, latindo em um palácio de espelhos, entendem o seu reflexo como outros cães,

Ó irmão, quando ouvem o eco, eles novamente começam a latir –

Da mesma forma Yama criou ilusões para as almas. Quando Kal as devora, então elas se arrependem.

Por não amarem a Palavra Sagrada do Santo Mestre, elas são destruídas.

O falso Nome (*Naam*) é um ramo de Niranjan, e a Palavra original é do Santo Mestre.

As almas não amam os Pés de Satguru; mas elas podem voltar para Casa apenas depois de conhecerem o Mestre Sagradp (*Satguru*).

Ó Dharam Das, as almas se tornaram de outros, e, pensando que isso é néctar, elas estão embaraçadas no veneno.

Dharam Rai criou tais variedades que, sendo controladas pelo engano, as almas se esqueceram.

Ouça a disseminação dos karmas criados pela mente. Uma alma se tornará A Única depois de reconhecer esse mal.

Ó Dharam Das, ao reconhecê-lo, a pessoa deve se tornar diferente dele – aceitando a Lâmpada da minha Palavra Sagrada.

Aquele que vê essa diferença não será pego por Yama.

Enquanto os guardas dormem, os ladrões facilmente fazem o seu trabalho.

Da mesma forma [as almas] são controladas pela ilusão, e o ladrão faz o seu trabalho.

DUETO

Ao despertar, ele recebe a Qualidade Única, fazendo com que Kal não o pegue.

A ilusão é como um poço cheio de trevas em que Yamraj (Kal), através dos enganos, devora a alma.

PECADOS E VIRTUDES DA MENTE

Ó valente, ouça sobre este elemento da mente e, com a ajuda do Mestre, distinga entre o ladrão e o homem de riqueza.

A mente é o horrível Kal que faz as almas dançarem e torna as suas condições terríveis.

Quando uma mulher bonita vem em sua visão, a mente se torna excitada, e a luxúria perturba o corpo.

A mente a leva para lá pela sua força, e a alma ignorante é enganada.

Tornando-a envolvida em prazeres sexuais com a mulher, a alma é culpada.

Olhando para a riqueza dos outros, a mente torna-se feliz: "Eu vou levá-la!" – e assim vem o desejo.

Quando ele toma a riqueza dos outros, a alma é responsabilizada por esse pecado.

Esta mente louca desenvolve este karma, e a alma inocente obedece suas ordens.

Criticar os outros e tomar suas riquezas são armadilhas da mente.

Tornando-se hostil ao Santo e criticando o Mestre – estes são os karmas criados pela mente, que coloca a alma na armadilha de Kal.

Sendo um homem casado, ele deseja uma outra mulher: Desta forma, a mente espalha o veneno do karma profundo.

A mente faz a alma, em um estado excitado, matar os outros. Ela faz com que a alma sofra o inferno por causa deste pecado.

Enganando as almas, a mente os faz servir deuses e deusas em peregrinações e jejuns.

A mente em si mesma nos coloca maus hábitos, e a alma, envolvendo-se neles, se estraga.

Ele pode ter um nascimento como um rei – e então ele irá e sofrerá no inferno.

Ou ele pode encarnar no corpo de um touro que se torna o marido de muitas vacas. O Karma Yoga é uma armadilha da mente: Quando alguém se torna sem karma, somente então suas dores e sofrimentos vão embora.

HINO

Ó Dharam Das, ouça as qualidades da mente. Por quanto tempo devo descrevê-las para você?

Três deuses, trinta e três deuses menores estão em sua armadilha;

Shesh Nag (a serpente) e outros deuses são derrotados por ele.

Sem o Mestre sagrado, ninguém pode entender a mente e cairá em sua armadilha.

Somente o raro Santo o reconheceu através do discernimento, e a abandonou.

DUETO

O medo do nascimento e da morte se vai com a fé no Mestre Sagrado.

Ó Dharam Das, aquele que aceita a verdadeira Palavra com firmeza é o servo de Sat Purush.

O CARÁTER DE NIRANJAN

Ouça, Dharam Das, sobre o caráter de Dharam Rai, que capturou as almas e as enganou.

Levando as encarnações, ele proferiu o (*Bhagavat*) *Gita* e não deixou que as almas cegas o atravessem.

Arjuna (o personagem principal da obra *Bhagavat Gita*) era seu muito devotado discípulo, a quem foi dado todos os sábios conhecimentos:

Ele lhe deu o conhecimento da criação do karma e se tornou sem carma – e, desistindo do último (estar sem carma), ele ficou firme no anterior (ou seja, permanecer ligado ao karma)!

Primeiro ele (Kal) lhe falou sobre a misericórdia e o perdão, o conhecimento, e os sinais do karma,

E Arjuna tornou-se verdadeiramente devotado em sua adoração ao Senhor Krishna.

Primeiro Krishna criou nele o desejo, e então o enviou para o inferno.

Fazendo-o desistir do *Yoga Ciano* (Yoga Azul), ele o fez ficar firme no karma; e Arjuna, controlado pelo Karma, sofreu terrivelmente.

Mostrando-lhe o néctar, ele depois lhe deu veneno. Disfarçado como um Santo, ele saqueou as almas.

HINO

Por quanto tempo devo descrever o intelecto fraudulento de Yama? Somente as almas raras entendem isso!

Quando se permanece firme no Caminho do Conhecimento, só

então ele ensinará a Senda Verdadeira.

Então ele saberá os enganos de Yama, e os abandonará:

Ao entrar no refúgio do Mestre Sagrado, o medo de Yama irá embora, e ele receberá a felicidade permanente.

DUETO
Ó Dharam Das, Rei das Almas, alcance a Glória do Satguru!
Iluminai o Caminho! Eu lhe dei a Mensagem Imortal.

OS SINAIS DO CAMINHO QUE LEVA À LIBERTAÇÃO

Dharam Das disse:
Ó Senhor, Tu és o misericordioso Sat Purush, e Suas palavras são cheias de Néctar e muito valiosas para mim.

Eu obtive o segredo dos caminhos da mente. Saudações a Ti, Ó Satguru, que me despertou.

Agora, Senhor, fale-me sobre Suas Maneiras – como as cordas de Yama serão rompidas.

O Satguru disse:
Ouça, Dharam Das, as consequências de Sat Purush. Agora farei você reconhece as cordas de Sat Purush.

Quando o Poder de Sat Purush entra, o açougueiro Kal não pode pará-lo.

Ouça. Sat Purush tem dezesseis Poderes, e com esses Poderes a alma vai para Sat Lok.

Sem esses Poderes o sistema do Mestre não pode trabalhar, e sem esses Poderes a alma fica presa ao mundo.

Conhecimento, Discernimento, Verdade, Contentamento, Amor, Paciência, e Paz:

Misericórdia, Perdão, Castidade, Não-karma, Renúncia,

O Anseio e a manutenção da Verdadeira Religião.

Através da Piedade a alma obtém a libertação, e em seu coração ela considera a todos como seus amigos.

Desenvolvendo isto, pode-se residir em Sat Lok, e, trilhando o Caminho, a pessoa pode ver a sua Casa.

Aquele que serve o Mestre e tem amor pelos Seus Pés reside no coração do Mestre e derrota Yama.

Mesmo nos Vedas e Shastras a importância da adoração por parte da alma e a reunião com os Santos foram escritas.

Deve-se fazer a devoção aos Santos tal como o Mestre, e controlar as características do apego e da raiva.

O Nome Sagrado de Sat Purush é a Árvore do Néctar e, mantendo-se em Companhia do Amigo de Sat Purush, vai-se ao Plano da Imobilidade;

Tudo isto são as cordas para se chegar até Sat Purush. Aceitando a verdadeira Palavra, vai-se para Sat Lok.

O cego não pode ir para a sua casa. Estes são os sinais do Caminho.

A Palavra de Sat Purush são os Olhos e a Autoridade, pelo qual a alma vai para a sua Morada.

O nascimento e a morte terminam se, pela fé firme, são aceitos os Pés do Mestre.

OS MEIOS PARA O CAMINHO

Dharam Das disse:

Ó Senhor, Tu és o misericordioso Sat Purush, Suas palavras me dão paz.

Ó Senhor, explique-me Seu Caminho: Como devem os renunciantes e os chefes de família viverem suas vidas?

O Satguru disse:

Dharam Das, ouça a mensagem da Palavra Sagrada, e dê os Ensinamentos da Libertação às almas.

Torne os renunciantes firmes em sua renúncia e explique aos chefes de família a maneira de fazer a devoção.

AS QUALIDADES DO DESPRENDIMENTO DOS RENUNCIANTES

Eu digo a você sobre a natureza do que renuncia. Só quando ele desiste dos alimentos não comestíveis que não participam da nutrição do corpo – tabaco, carne, vinho – pode se tornar o Cisne (*Hansa*).

Amor e devoção sempre permanecem em seu coração, e ele não tem hostilidade ou violência em si mesmo.

Ele tem sempre misericórdia para com as almas, e em pensamento, palavra e ação ele não pratica nenhuma violência.

Ele sempre mantém o sinal de Libertação, pelo qual todo o karma e as ilusões terminam.

Ele estabelece o caminho, tornando-se em forma de Cisne, e ele usa brincos, um colar, e ele coloca o *tilak* (sinal) na testa.

Ele come alimentos puros e simples e, diariamente, ele repete a minha Palavra.

Se ele leva também a sua Palavra, então eu o mandarei para o Plano Imortal.

Desistindo de todos os karmas e ilusões, ele se mantém absorvido no Nome Sagrado essencial.

Ele não toca em mulher, ele nunca perde sêmen, e de seu coração ele remove toda a raiva e todo o engano.

Ele desiste da mulher (como objeto sexual), chamando-a de mina do inferno, e com atenção unidirecionada, ele se apega à Palavra Sagrada do Mestre.

Ele joga fora toda a raiva e toda a mentira, e, indo ao Ganges do Perdão, se banha lá.

Ele é a morada da alegria e da meditação, o oceano de felicidade, amor e calma. Ele nunca testa se uma pessoa é mesmo um rei ou um sujeito comum.

Ao fazer a meditação do Irrepetível, ele remove os véus anteriores;

Aquele que permanece inalterado e nunca flui para as paixões – tal renunciante me recebe.

Encontrando-me, ele se torna como eu e remove toda a dualidade.

Ele permanece absorvido aos Pés do Mestre, desistindo de todas as ilusões, mentiras e espertezas.

Aquele que sempre permanece sob as Ordens do Mestre – o Demônio Kal não irá pegá-lo.

Ele mantém a fé firme no Mestre, e o entende como sendo eu.

Ele recebe todos os frutos por servir ao Mestre. Se uma pessoa se torna opositora do Mestre, ela não atravessará (o oceano).

Como o lírio ama a lua – da mesma forma o discípulo deve ter fé no Mestre.

O renunciante deve viver desta forma. Apenas ele é um amante que ama o Mestre.

AS QUALIDADES DOS CHEFES DE FAMÍLIA

Agora, Dharam Das, ouça sobre a devoção dos chefes de família, fazendo com que eles não caiam na armadilha.

Eles jogam fora todas as qualidades do corvo, e em seu coração permanecem misericordiosos para com todas as almas.

Eles não se aproximam de peixes, carne ou vinho; eles sempre permanecem vegetarianos.

Eles bebem o sinal da libertação para que Kal não venha e os detenham.

Eles adotam o colar, o *tilak* (sinal), e as roupas dos sábios, e em seu coração sempre têm amor pelas palavras do Mestre do Caminho.

Eles mantém o amor para com os santos, e sempre servem os verdadeiros devotos. Eles sacrificam tudo pelo serviço ao Mestre.

Ó irmão, em pensamento, palavra e ação, eles se tornam firmes e fazem a Memorização do Nome de Deus (*Simran*) que o Mestre lhes deu.

HINO

Ouça, Dharam Das: Estas são as cordas de Sat Purush pela qual os chefes de família obtém a libertação.

Sem olhos não se pode ir à Sua Casa — então o que mais pode ser feito?

Ó Dharam Das, a essência da Encarnação são os olhos, que despertarão todas as almas.

Se alguém confia em minhas palavras, eu cessarei o seu nascimento e morte.

DUETO

Os que aceitam o Nome Sagrado com fé, e aqueles que repetem a Palavra de Sat Purush dia e noite,

Estes recebem o triunfo Da Palavra sobre o Oceano (do mundo).

A IMPORTÂNCIA DO ARTI

Os devotos chefes de família devem realizar o *arti* sempre *Amaras* (com perfeição).

Kal habita a casa onde o *arti* não é realizado perfeitamente (*Amaras*).

Se o *arti* não pode ser realizado naquele dia, então deve ser executado em cada *Purnima* (lua cheia).

Ó Dharam Das, se o discípulo bebe o néctar da Palavra na lua cheia (*Purnima*), então ele consegue habitar na felicidade.

Se uma pessoa obtém a Palavra quando a lua está cheia,

E, de acordo com a sua capacidade, uma pessoa serve o Mestre, aquela alma vai para Sat Lok.

Dharam Das fez este pedido: Diga-me como as almas serão protegidas.

Na *Kali Yuga* (Idade das Trevas) muitas pessoas serão pobres, então fale-me de alguma alternativa para elas.

Ó Senhor, todas as almas são Suas, Diga-me como todas elas podem ser capazes de realizar este serviço.

Todas as almas são a essência da Sat Purush. Fale-me sobre elas, para que as dúvidas em minha mente possam ser apagadas.

O Mestre Sagrado disse:

Ó Dharam Das, os pobres podem realizar o *arti* uma vez a cada seis meses.

Se o *arti* não puder ser realizado a cada seis meses, então, anualmente, eles devem executar a *Chauka* e servir ao Mestre.

Se alguém falhar uma vez em um ano, os santos o chamarão de mundano.

As almas que realizam o *arti* pelo menos uma vez por ano não caem no engano.

Se ela repete a Palavra de Kabir com todo o coração, e medita em sua Palavra,

Se ela aceitar os Pés do Mestre com firmeza, o amor para pelos Pés do Mestre a libertará.

Os chefes de família que adotarem isso, pela glória do Mestre, habitarão em Sat Lok.

HINO

Ó Dharam Das, eu lhe disse os modos de vida de ambos, os renunciantes e os chefes de família.

Eles ouvirão o Nome Sagrado se viverem de acordo com os modos de vida.

Este oceano do mundo é profundo, sem fundo, e terrível:

Aqueles que firmemente pegarem o Barco da Palavra irão para a margem oposta.

Ame o Barqueiro que os faz atravessar:

Quando se tem o Mestre Sagrado (*Satguru*) como o seu Barqueiro, cruza-se o oceano do mundo.

AS CONSEQÜÊNCIAS DO DESCUIDO

Enquanto alma permanecer no corpo, Ó irmão, pratique o Caminho da Palavra Sagrada.

Assim como o valente permanece no campo de batalha – se ele corre, ele é difamado.

A Preciosa Palavra Sagrada do Mestre é o campo de batalha, e Kal fica com aqueles que vacilam nisso.

A alma que se afasta do Mestre nunca sobrevive. Caindo na fogueira, ela será queimada.

Ó irmão, ela obtém muitos sofrimentos. Nascimento após o nascimento, ela se dirige para o
Inferno.

Ela recebe milhões de nascimentos tal como uma serpente, e ao suportar o fogo do veneno, ela desperdiça cada nascimento.

Ela nasce na sujeira do corpo do verme, e por muitos nascimentos ela permanece no inferno.

Quanto eu devo dizer sobre as dores que essas almas obtém?

Aceite a Palavra Sagrada do Mestre do Caminho e permaneça firme nisso.

Se o Mestre é misericordioso, Sat Purush também é misericordioso. Kal não pode nem mesmo tocar aqueles que permanecem firmes no Mestre.

Pelo bem das almas eu digo, "Os que são devotos do Mestre – estes não desperdiçam!"

Mesmo que a alma realize milhões de Yogas, sem o Satguru ela perderá.

O Satguru mostra o caminho para o Inacessível – cujo segredo nem mesmo os Vedas revelam.

Os Vedas descrevem ele que os criou – eles não conhecem o Segredo da Sat Purush.

Qualquer alma que tem discernimento aceita a verdadeira Palavra Sagrada.

Dentre milhões, raros são os Santos exigentes que aceitam a Minha Palavra.

Todos os outros estão presos na armadilha de Niranjan, e aqueles infelizes não se redimem e reconhecem o Verdadeiro Lar.

PRECAUÇÃO

O exemplo do cuco

Ouça a natureza do (pássaro) cuco bebê e, compreendendo suas qualidades, pense nisso.

O cuco é inteligente e tem uma voz doce, e seu inimigo é o corvo – que é fonte de pecados.

Ele (o cuco) coloca seu ovo no ninho (do corvo) e faz de tal mal um amigo.

O corvo o alimenta, pensando que é seu amigo. O corvo – que possui o intelecto de Kal – choca o ovo.

Então, o ovo se rompe e o filhote sai. Depois de alguns dias seus olhos se abrem.

Quando seu corpo se fortalece, sua mãe (o corvo) vem para ouvir sua voz (do cuco).

Ouvindo sua voz, o bebê acorda, já que a voz da espécie do cuco é querida para ela (a mãe corvo).

Quando o corvo vem lhe trazer comida, novamente o cuco a faz ouvir sua voz.

Ela acorda o bebê cuco – que é a essência dela (da mãe) – e as qualidades do corvo não permanecem em seu coração.

Um dia, diante do corvo, o cuco faz os demais filhotes (corvos) voarem para longe.

Ele os faz voar cantando com sua voz, e o corvo fica inquieto e voa atrás deles.

Ele não os pegá e, ficando cansado após um tempo, volta para casa e vai dormir.

O cuco bebê se reúne com sua família, e o corvo fica inconsciente após se engajar em um trabalho infrutífero.

HINO

Cantando com sua própria voz, o bebê voou e reuniu a família.

O corvo ficou inquieto e cansado quando não o conseguiu de volta.

O corvo voltou para o seu ninho, perdeu a consciência, e se arrependeu;

O cuco bebê encontrou seu pai, mas o corvo permaneceu engajado em obras infrutíferas.

DUETO

Tal como o filhote de cuco, as almas Me encontrarão desta maneira.

Aqueles que chegarem à Casa Real desta maneira, Eu libertarei suas famílias inteiras.

As qualidades do Cisne (*Hansa*)

Ó irmão, aquele que desiste do intelecto do corvo e toma as qualidades do Cisne, este vai para Sat Lok.

Ninguém gosta da voz do corvo; mas, ao ouvirem a voz do cuco, todos ficam felizes.

Da mesma forma, o Cisne diz palavras de amor e de verdade, e aceita a Palavra do Mestre como o Néctar do Amor.

Ele não diz palavras enganosas para os outros, e permanece sempre sereno.

Se alguém vai até ele trazendo o fogo da raiva, ele mesmo extingue seu calor após se tornar água.

A seguir estão os sinais do Conhecedor e do ignorante.

O ignorante é torto, duro, e de mau intelecto.

O Conhecedor é dotado de frescor, cheio de amor, e dentro dele reside a verdade, o contentamento, e o discernimento.

As qualidades do Conhecedor

Ele é o Conhecedor que remove o mau intelecto e, reconhecendo os elementos da mente, perdoa.

Se alguém diz palavras duras após se tornar um *gyani* (conhecedor), tal "*gyani*" é chamado de ignorante.

Não importa se a pessoa parece ser corajosa – entenda que só aquele que é corajoso vai ao campo de batalha e morre.

O Conhecedor deve ver isso sob a mesma perspectiva – eu estou lhe dizendo os sinais.

No coração tolo, o esforço não surge, e a Palavra Sagrada e o Mestre não são compreendidos.

Se um cego pisa na lama, ninguém ri dele; mas se alguém que possui a visão pisa em um lugar ruim, ele é o culpado.

Dharam Das, desta forma – pelo verdadeiro Nome Sagrado e pela Lembrança do Mestre – a pessoa deve distinguir entre o Conhecimento e a ignorância.

Ele mora em todas as pessoas. Em alguns lugares Ele fica escondido, e em outros lugares Ele se manifesta.

Este é o Seu sinal: Ele se curva a todos, entendendo-os como a sua Essência; e Ele aceita o Mestre da Devoção (*Gurubhakti*).

HINO

Quão firme Prahlad permaneceu em sua devoção por causa da cor do Amor!

Mesmo que a ele tenha sido dado dor terrível, ele se manteve firme e aceitou as qualidades do Senhor.

Se alguém aceita o Mestre sagrado (*Satguru*) desta forma, tal alma se torna valiosa.

Se ele permanece firme, ele residirá no Plano Imortal.

DESCRIÇÃO DA PARMARTH

DUETO

Depois de abandonar a ilusão e o laço de Yama, deve-se manter a atenção na Palavra Sagrada:

Andando no Caminho Verdadeiro, ele deve manter sua atenção na Parmarth (Caridade).

O exemplo da vaca Parmarthi (Caridosa)

Entenda a vaca como a mina da Caridade (*Parmarth*): Ó Gyani, reconheça suas formas e atributos.

Ela come a grama do campo, e então, bebendo água, dá o leite.

Ela alimenta os bezerros e, pelo seu leite e manteiga, até os deuses são satisfeitos.

Mesmo o seu esterco é utilizado pelo homem; mas o homem,

produzindo karmas pecaminosos, desperdiçam o seu nascimento.

Quando chega a hora da vaca deixar seu corpo, os homens demoníacos a devoram.

Sua pele também proporciona muita felicidade. Ó irmão, tantas boas qualidades estão no corpo da vaca.

As qualidades do Santo Parmarthi

Se – como a vaca – os Santos também aceitarem esta Palavra, então Kal não pode devorar as almas.

Se alguém tem tais qualidades no corpo humano, e ele encontra o Mestre Sagrado, ele se torna imortal.

Ouça, Dharam Das, a esta Palavra da Caridade. Ao fazer *Parmarth* (Caridade), nada é perdido.

A Caridade é o apoio do Santo. Aquele que recebe isto do Mestre perfeito chega até a outra margem.

Ele obtém o conhecimento do verdadeiro o Nome Sagrado e, fazendo a Caridade, vai para Sat Lok.

Esquecendo-se de si mesmo, ele faz o serviço (*seva*). Se ele se lembrar de si mesmo, este sofrerá muito.

Um homem é tão esperto que diz, "Eu tenho boas qualidades e (bons) karmas!"

Ele se diz "fazedor de bons karmas", e para os karmas ruins ele diz que Hari (um outro nome de Krishna e Vishnu) é quem fez isso.

Desta forma o bom karma termina e, Dharam Das, tocando seu pés, obtém-se apenas a decepção.

Aquele que mantém a Palavra como a única esperança nunca mostra nem se orgulha de seu bom karma.

Ele sempre mantém sua atenção nos Pés do Mestre, como o peixe nunca se esquece da água.

Ele sempre coloca sua atenção na Palavra Sagrada do Mestre, e dia e noite ele canta os louvores da verdadeira Palavra.

Como o peixe nunca se esquece da água, da mesma forma ele aceita o Nome Sagrado.

O efeito do Nome de Sat Purush é tal que o Cisne não vem ao mundo novamente.

Definitivamente ele vai até Sat Purush! Dharam Das, isto é como a natureza da tartaruga.

HINO

As almas virão correndo para sua casa como é a natureza dos filhotes de tartarugas;

Os mensageiros de Yama olharão para eles e – tornando-se fracos – não se aproximarão deles.

Tornando-se destemidos os Cisnes irão (para Casa), recitando a Palavra Sagrada.

Os Cisnes se reunirão com suas famílias, e todos os Mensageiros de Yama ficarão lá, sem poder fazer nada.

DUETO

A Morada da Felicidade, onde os Cisnes viverão felizes, é preciosa;

E todos os Cisnes, olhando para a Forma Radiante de Sat Purush, se tornarão felizes.

FINAL DO LIVRO SAGRADO

Ao falar do *Livro Sagrado do Anurag Sagar*, eu lhe expliquei o Segredo do Inacessível.

Eu descrevi o Drama de Sat Purush, e a decepção de Kal.

Apenas os conhecedores entenderão os modos de vida e a Palavra do Discernimento.

Aquele que aceitar a Palavra após testá-la, este conhecerá o Caminho para o Inacessível.

Resumo do Livro Sagrado

Tenha fé nos Pés do Mestre, e torne-se firme na devoção da Verdadeira Palavra,

Deve-se agir como um Santo ou uma Esposa, que queima o seu corpo pelo marido.

O Mestre Sagrado é o Imperecível e Imortal Marido que nunca é destruído.

Eu digo isso pela evidência do Nome Sagrado. Aquele que aceita o Imortal se torna Imortal.

A alma que tem a esperança do Santo vai para o Plano Imortal.

Ó Dharam Das! Desperte sua mente e permaneça absorvido aos Pés do Satguru.

Mantenha a mente – o mel da abelha – nos Lindos Pés de Lótus do Satguru

E mantenha sua atenção aos pés do Mestre. Só então você chegará à sua Morada permanente.

A União do *Surat* (invólucro) e da Palavra (*Shabda*) – quando alguém obtém a Palavra, este alcança o reino dos Santos.

É o jogo da gota e do oceano. O que mais se pode dizer?

Depois de conhecer o Satguru, compreende-se o jogo da Palavra Sagrada e do *Surat* (invólucro).

É a união da gota e do oceano. O que mais se pode dizer?

Desistindo das qualidades da mente, deve-se seguir o Caminho do Mestre.

Tal alma vai para Sat Lok e obtém a Felicidade do Oceano da Felicidade.

Compreenda a alma como a gota, e a Palavra do Santo Mestre (*Satguru*) como o oceano,

Disse Kabir como aviso: Dharam Das, entenda isso!

Fim

SOBRE O AUTOR

Nascido na cidade de São Paulo, António Lizar é publicitário e consultor de empresas, dedicando-se a mais de 30 anos ao estudo de religiões comparadas e religiões orientais, em especial o budismo e o cristianismo.

Seu primeiro livro, "A Videira e o Lótus", é o resultado de dois anos de pesquisas, avaliando e comparando os textos e traduções dos principais livros orientais com os textos do Novo Testamento e livros apócrifos.

Posteriormente traduziu outros clássicos da literatura mundial tais como "De Kautilya: o Arthashastra" e "A Sabedoria de Kautilya (Chanakya Niti".

Em 2018 escreveu "Maurya", seu primeiro romance histórico.

OBRA DE REFERÊNCIA

Este livro é uma tradução do original The Ocean of Love – The Anurag Sagar o Kabir, de Sant Ajaib Singh Ji – Editado por Sant Bani Ashram - Sanbornton – New Hampshire - 1982.

Outras obras do autor

A Videira e o Lótus

Uma das mais completas obras aborda as similaridades entre os ensinamentos de Buda e Jesus. Diversas passagens canônicas e apócrifas são comparadas com os textos orientais, apresentando evidências históricas e arqueológicas que mostram como Jesus teria tomado conhecimento do budismo e o difundido na antiga Israel.

A Sabedoria de Kautilya (Chanakya Niti)

Escrito por Chanakya (também conhecido como Kautilya), esta obra revela o pensamento deste fascinante gênio político, oferecendo aos leitores dezenas de aforismos que objetivam eliminar pela raiz os problemas que afligem o ser humano e possam se tornar os reis de suas próprias vidas.

Os Longos Discursos do Buda (Digha Nikaya)

Uma das obras mais importantes da literatura budista, o Digha Nikaya é o primeiro livro do Sutta Pitaka, coleção dos discursos do Buda que compõem o Tripitaka (o cânone budista). A obra apresenta os fundamentos da doutrina budista através dos diálogos entre o Buda e seus discípulos.

Os Discursos de extensão média do Buda (Majhima Nikaya)

Outra importante obra do cânone budista, o Majhima Nikaya é o segundo livro do Sutta Pitaka, coleção dos discursos do Buda que compõem o Tripitaka. A obra apresenta os fundamentos da doutrina budista através de belos diálogos entre o Buda e seus discípulos

Maurya: a alvorada de um Império

Índia, seculo IV a.C. Na cidade de Taxila um professor universitario vê seu pais sob dupla ameaça: a oeste Alexandre Magno avança com o seu exército para a conquista de toda a região enquanto no leste o cruel imperador Dhana Nanda se aproxima com o mesmo objetivo. Determinado a proteger seu pais o *pandit* viaja para Pataliputra, a capital do Império Nanda, onde conhece um jovem príncipe cujo pai foi destronado. Baseado em fatos reais, Maurya relata a trajetoria de Kautilya e Chandragupta na formação de um dos maiores imperios da antiguidade.

Almas gêmeas: da Bíblia à física quântica

Uma análise do tema "almas gêmeas" tanto na Grécia quanto nas demais culturas, passando pela Bíblia, mitologia e lendas de diversos países. Baseado nessas fontes, o autor compara essas narrativas com as últimas descobertas da física quântica.

Onde adquirir livros de António Lizar

Amazon (e-book e capa comum)

Clube de Autores (e-book e capa comum)

Kobo (e-book)

Americanas

Submarino

Estante Virtual

Livraria Cultura

Mercado Livre

Printed in Dunstable, United Kingdom